Ulrike Seidler

Das spirituelle Küchen-ABC
oder
Wie die Liebe ins Essen kommt

Ulrike Seidler

Das spirituelle Küchen-ABC
oder
Wie die Liebe ins Essen kommt

Bibliografische Information Der Deutschen Bibliothek

Die Deutsche Bibliothek verzeichnet diese Publikation in der Deutschen
Nationalbibliografie; detaillierte bibliografische Daten sind im Internet
über http://dnb.ddb.de abrufbar.

1. Auflage 2009
© 2009 by Joy Verlag GmbH, 87466 Oy-Mittelberg
ISBN 978-3-928554-71-8

Umschlaggestaltung: Kuhn Grafik, Zürich
Satz und Gestaltung: Michael Epperlein, Biberach a. d. Riß
Zeichnungen: Ulrike Seidler
Druck: L.E.G.O. S.p.A., Lavis (TN)
Gesetzt aus der Minion 10,7 Punkt
Printed in Italy

Inhalt

Prolog – der Anfang

Als Kind hatte mich immer wieder die Frage beschäftigt, wie ausgedehnt der Weltraum wirklich ist. Ich schaute bei klaren Nächten aus den großen Fenstern meines Zimmers zu den Sternen hinaus, während ich im Bett lag. Ich hatte gehört, dass das Universum unendlich sei, und mich sehr angestrengt, mir die Unendlichkeit vorstellen zu können. Da meine Bemühungen keinen Erfolg hatten, begnügte ich mich damit, einfach anzunehmen und daran zu glauben, dass es so sei. Das ließ mich aber unbefriedigt und mit vielen Fragen zurück.

Als sogenannte Erwachsene, nachdem ich die Anstrengungen der Pubertät und des Einstiegs ins Berufsleben irgendwie, aber letztendlich doch erfolgreich, hinter mich gebracht hatte, formulierten sich langsam meine innersten Bedürfnisse in gängige Sprache. Ich konnte zu meinen Freunden sagen: »Was ich wirklich möchte, ist, *die Natur der Wirklichkeit* zu erkennen.« Und ich meinte es auch so. Dies ist für mich bis zum heutigen Tag gültig geblieben und hat mich seit damals auf eine abschnittweise bewusste innere und äußere Reise geführt. Die Energie der Erfahrungen der vielen Stationen ist wie eine *Zeitschnur* geknüpft, die in einem Paket mit der Aufschrift Vergangenheit behaglich eingerollt und in Frieden immer ganz nahe bei mir ist.

Am spannendsten ist ja immer, was gerade jetzt passiert. Ich sitze vor noch völlig leeren Seiten, jetzt entsteht ein Buch. Ist es etwas völlig Neues, oder ist es in Wirklichkeit schon fix und fertig geschrieben? Und ich müsste mich gar nicht konzentrieren, ausrichten, anstrengen? Brauche ich bloß in die Tastatur zu tippen, was ohnehin schon längst existiert? Hat die Unendlichkeit einen Anfang und ein Ende?

Gott sei Dank habe ich es im Laufe der Jahre immer besser gelernt, Widerstände zu überwinden und meiner inneren Stimme und Führung zu folgen. Das heißt konkret, ganz einfach jenes zu tun und so zu handeln, worauf die innere Stimme drängt. Es bringt solch eine Erleichterung des praktischen Lebens und der Gemütslage mit sich. Außerdem bereitet es Freude, Widerstände schwinden zu fühlen und neue Ergebnisse zu erleben. Es ist eigentlich ziemlich einfach, man braucht nur echte und ehrliche Bereitschaft, sich selbst etwas richtig Gutes zu tun. Die ersten Einblicke in den bevorstehenden Weg scheinen jedoch über ein unüberwindliches Hochgebirge mit scharfen Zacken, schwarzen Schluchten und steilen Geröllhalden zu führen, von denen man annimmt, dass sie einen unsanft wieder »zurück an den Start« bringen. Doch im Zuge der Praxis der Selbstannahme durch wachsames Lauschen nach innen werden aus der schroffen, dunklen Landschaft allmählich wie von Zauberhand einladende sanfte Hügel, mit saftigem grünen Gras und lebendiger, artenreicher Flora und Fauna. Durch konsequentes Hören und Überprüfen der inneren Stimme werden neue Lebensziele, Perspektiven und Möglichkeiten am Horizont sichtbar und inspirieren gleichzeitig zu noch mehr Mut, Offenheit und Entschlossenheit. So kann ein verheerender Orkan zu erträglichem Gegenwind werden und letztendlich zu einer milden, ermunternden Brise, die uns leichtfüßig weiterträgt.

Der inneren Stimme und Intuition folgend bin ich kürzlich zu einem Buch*) geführt worden, das mich dahin geleitet und getragen hat, die viel zitierte Illusion der Trennung (Menschen, alles Gegenständliche scheinen getrennt voneinander auf dem Planeten zu existieren) aus einer neuen Perspektive zu erleben. Während der Lektüre öffnete sich ein Tor zu einer Ebene des Energiefeldes, das die gesamte Schöpfung vereinte. Setzte es sich mit mir in Verbindung oder ich mich mit ihm? Ein großartiges, unend-

---

*) Gregg Braden: »Im Einklang mit der göttlichen Matrix«, Koha-Verlag 2007

liches Potenzial an Schöpferkraft, Liebe und Ausdrucksmöglichkeiten. Die Zellen meines physischen Körpers haben mich wissen lassen, dass sie sich gleich besser fühlten, nachdem ich es endlich aufgegeben hatte, mich so allein und getrennt wahrzunehmen. Die Wirbelsäule fühlt wieder Rückhalt und kann sich endlich aufrichten und stabilisieren. Die ausgehungerten Zellen sind wieder von Kraft erfüllt, von der Kraft sich zu regenerieren und Unerwünschtes auszuscheiden. Von der Kraft, sich neu und in einer gesünderen Ordnung auszurichten. Von der Kraft, sich im persönlichen Leben freier zu bewegen. Von der Kraft, die die Augen leuchten lässt und die Angst verdampft. Die Kraft, die den Glauben zur Gewissheit macht.

Und so gibt es dieses Buch schon irgendwo. An (k)einem Ort, an dem Vergangenheit, Gegenwart und Zukunft in Einheit existieren. Mein fokussiertes Bewusstsein lässt es in unserer Welt lediglich in Erscheinung treten.

Ein Zitat des großartigen Autors und Channelmediums Jason M. Leen, dem ich am Anfang meiner aktiven Forschungsarbeit über die wirkenden Mechanismen des Lebens begegnet bin, lautet sinngemäß: »Die Zeit ist ein Geschenk Gottes an die Menschen. Sie entbindet sie der Verpflichtung, alles gleichzeitig erfahren zu müssen.« Obwohl in der Schöpfung schon die »Technologie« existiert, die Information von ganzen Bibliotheken in einem Moment direkt aufzunehmen, sind Sie privilegiert. Denn Sie dürfen Ihr persönliches Zeitmaß anlegen, um sich dem Inhalt dieses Buches zu widmen.

Ich wünsche, dass Ihnen bei dieser Lektüre das Herz aufgeht und nicht zuletzt, dass Sie die Kraft zur Tat nie mehr verlässt.

Wien, 1. Februar 2008

Einführung

Als ich im vorigen Sommer bei meiner Freundin B. nach einer intensiven, arbeitsreichen Zeit genüsslich auf der Terrasse in der heißen Sonne lag, hatte ich urplötzlich die zündende Idee. Ich war sofort begeistert. Noch nie zuvor hatte ich jemals diesen oder einen ähnlichen Gedanken gedacht! Er fühlte sich großartig an. Ich wusste, ich würde ihn ohne unnötiges Hinauszögern in die Tat umsetzen, alle inneren Ampeln waren auf grün geschaltet – freie Fahrt. Keinerlei querschießendes Quäken aus dem inneren Untergrund, obwohl Schreiben bis dato wirklich nichts speziell Einladendes für mich hatte. Mein persönliches »missing link« hatte sich mir gezeigt – ich würde ein Buch über die »Liebe im Essen« schreiben, genau das hatte der Welt noch gefehlt!

Alles, was mich selbst bewegt und vorangetragen hatte, würde ich in einen umfassenderen Rahmen bringen. Dieses Projekt würde ein Akt der aktiven und bewussten Entfaltung meines eigenen Lebens werden und hoffentlich auch das von vielen Anderen.

Ich hatte mir schon lange gewünscht, dass möglichst viele Menschen zu einem selbstbestimmten Leben finden. Dass sie sich unabhängig fühlen und die Klarheit haben, Kraft aus sich selbst zu schöpfen. Dass sie erfahren können, dass in der Schöpfung alles miteinander verbunden ist, somit alles einen Effekt auf alles hat, und ich zu diesem Erkennen etwas beitragen kann. Und dieses Buch wird einen eindeutigen Strahl aussenden, denn unsere Nahrung kann uns mit allem verbinden.

Wie wir mit der Welt und der Nahrung verbunden sind

Ernährung oder die Kommunikation mit der Außenwelt

Unser Ausgangspunkt der Erforschung ist ein Bereich, in dem wir uns zu Hause fühlen, dem der menschlichen Ernährungsgewohnheiten in der westlichen Welt. Ob Sie bereit sind, die relative Beengtheit des Gewohnten und Üblichen zu verlassen, liegt in Ihrem Bewusstsein, der Deutlichkeit Ihrer Bedürfnisse und Absichten und letztendlich an Ihrer definitiven Bereitschaft zu handeln.

Unabhängig von Zubereitungsmethoden und Ernährungsweisen geht es hier um:
- **Das Wesen der Nahrung.**
- **Was nährt uns wirklich, beziehungsweise was fehlt dem üblichen Essen?**
- **Wie und woher können wir uns das Fehlende beschaffen?**

Wahrscheinlich kochen Sie ohnehin gerne, da dieses Buch offensichtlich in Ihre Hände gelangt ist. Wenn Sie die Angelegenheit noch eher als Pflicht oder Notwendigkeit betrachten oder gerne ignorieren wollen, so hat die Schwingung Ihrer inneren Weisheit trotz alledem diese »systemische Versammlung von Buchstaben« wie ein Magnet zu Ihnen angezogen, weil alles in Ihnen bereit ist, damit der Strom der Lebenskraft und Liebe durch Sie in Speisen und Getränke gelangen kann! Sie können sich im Voraus schon einmal freuen!

Der Anspruch an die absolute Objektivität von irgendetwas, das durch einen einzelnen Menschen in der äußeren, sichtbaren Welt ausgedrückt wird, ist eine Illusion. Somit ist dieses Buch subjektiv – und nur eine Möglichkeit von vielen, eine Ebene von Wahrheit. Es handelt von der Beschreibung der Sicht auf die Dinge aus meiner individuellen Erfahrungsperspektive, die bei Ihnen verschiedene Grade an Resonanz hervorrufen wird.

Was ich mir wünsche, ist, dass Sie durch die Lektüre angeregt werden und es Ihnen leichter fällt, sich bewusst schöpferisch im Leben zu bewegen. Und ich wünsche mir, dass dadurch auch andere Menschen von Ihnen berührt werden und sich motiviert fühlen, den eigenen Ideen und Inspirationen zu trauen und Ihrem Leben neue, befruchtende Aspekte hinzuzufügen.

Die Küche ist dafür ein ideales Übungsgebiet, und Nahrungs- und Lebensbewusstsein verbindet sich mehr und mehr. Man kann es täglich mit der Zubereitung jeder Mahlzeit erschaffen und unmittelbar darauf eine direkte Erfahrung davon machen. Nicht nur die Geschmacksknospen auf der Zunge geben Rückmeldung. Auch der Rest des Körpers gibt unmittelbares Feedback. Nur sind wir dazu geneigt, großzügig darüber hinwegzusehen. Nicht nur *was* Sie kochen ist von Bedeutung, vielmehr geht es darum, *wie* das passiert. Es werden andere Ebenen als jene miteinbezogen, die man in handelsüblichen Rezepten nachlesen kann. *Liebe* wird als Grundzutat so gut wie gar nicht erwähnt, der Fokus liegt noch mehr beim *Salz in der Suppe.*

*

Ernährung aus erweiterter Sicht beschränkt sich nicht auf Ihr Frühstücksmüsli, die Tiefkühlpizza, das außergewöhnliche Nugat-Parfait, den Rohkostsalat, die Nudelsuppe, den Hummer-Cocktail, den Sojapudding, den Frühstückskaffee oder -tee, die Currywurst, oder was Sie gewohnheitsmäßig oder auch wohl durchdacht Ihrem Körper zukommen lassen.

Sobald Sie einen Bissen geschmeckt und geschluckt haben, wollen Sie in Wahrheit nichts mehr damit zu tun haben. Der Körper macht dann schon, denn er weiß selbstständig, was er zu tun hat. Er verdaut, und er befördert das Nahrhafte in die Zellen. Wenn Sie Glück haben, lässt er Sie sich energiereich und frisch fühlen. Er stört Sie gelegentlich durch die Entwicklung von Abgasen oder sonstigem Unwohlsein. Zumindest sind Sie gerne bereit, die Verdauungsrückstände wieder abzugeben. Mit dem, was Sie dann aus sich selbst entlassen, wollen Sie auch nicht mehr wirklich etwas zu tun haben. Am besten gar nicht genau hinsehen. Hauptsache rückstandsfrei und zügig weggespült.

Anhand dieses Beispiels kann man sehen, dass so manchem von uns allein die Ahnung von etwas Umfassenderem, geschweige denn dem *Ganzen* suspekt ist. Der eine oder andere kann dazu verleitet sein, das Körperliche und Materielle abzuwerten, obwohl sich der Begriff *ganzheitlich* im Pflichtwortschatz jedes Menschen befindet, der von sich annimmt, besonders offen und am Puls der Zeit zu sein.

Wollen wir uns mit dem *Ganzen*, mit seinen lichten Höhen und tiefen Abgründen näher befassen? Wir ahnen, dass es sicherlich von Vorteil ist. Mehr Wohlbefinden, physische Leistungskraft, innerer Antrieb und Gesundheit? Mehr Freude, Ausdruckswille der Liebe und Glücklichsein? Einen Sinn und Weg finden, der das Dasein von Abmühen in Begeisterung wandeln kann?

*

Sich ernähren bedeutet, dass Transformationsprozesse in unserem Körper-Seele-Geist-System im ständigen Austausch mit unterschiedlichsten Quellen in der Außen- und Innenwelt stattfinden. Mit der Luft, die wir atmen, mit den Gefühlen der uns umgebenden Menschen und deren Gedanken darüber, was sie als die Realität ihrer Welt betrachten. Mit universellen spirituellen Kräften und kosmischen Einflüssen und nicht zuletzt mit dem, was wir allgemein unter unseren Nahrungsmitteln verstehen, die die Erde für uns bereithält.

Der Körper nimmt verschiedene Stoffe auf und gibt sie umgewandelt an die Umwelt ab. Sie werden wieder in den Nahrungs-Kreislauf eingespeist. Die vermeintlichen körperlichen *Abfälle* dienen sofort einer anderen Spezies wie zum Beispiel Bakterien und Mikroorganismen als Nahrung. Die Stoffe werden weiter verwandelt und ständig *genutzt*, sie sind immer für etwas oder jemanden Grundlage der Nahrung und Existenz. Atome und Moleküle werden ohne Unterlass neu zusammengesetzt und angeordnet, einer nicht fassbaren übergeordneten Regie und Weisheit folgend.

Auch Gefühle und Emotionen dienen uns als Nahrung.

Und dann sind da die unendliche Weisheit und Liebe des schöpfenden Geistes, ohne dessen Sein sich unsere Existenz in einem Moment ins Nichts auflösen würde. Dem wohnt die Ursubstanz der Nahrung inne, die *Ursuppe* jedes Gedankens, der *etwas* ins Dasein transformiert.

Dies ist auch Yogis und tibetischen Eingeweihten bekannt, die ihr Bewusstsein so erweitern können, dass sie ohne die bei uns übliche *dichte*, stoffliche Nahrung leben können. Ihnen dient die Reinheit der oben erwähnten göttlichen Ursuppe als Lebensgrundlage. Sie können für sich erkennen, dass im ursprünglichen schöpferischen Geist alles Existierende enthalten ist und es ihnen somit an nichts mangelt, wenn sie sich in der Einheit, sprich in Ungetrenntheit von dieser Quelle erkennen. In den letzten Jahren ist die »Lichtnahrung« als der dazu parallele westliche Weg bekannt geworden. Die bekannteste Lehrerin dieses Weges ist Jasmuheen*). Unter uns leben mehr Menschen, als wir ahnen, die nicht mehr von physischer Nahrung abhängig sind.

Auf der Bewusstseinsebene, auf der sich die Mehrheit der Menschen derzeit aufhält, brauchen unsere Körper, um ihre gesunden Funktionen ausführen zu können, nach wie vor die notwendigen physischen Stoffe. Vereinfacht ausgedrückt sind Kohlenhydrate als

---

*) Jasmuheen: »Lichtnahrung: Die Nahrungsquelle des kommenden Jahrtausends«, Koha-Verlag 1997

Brennstoff, Eiweiße als Baustoff und Mineralien, Spurenelemente, Vitamine als Funktionsstoffe, alle von möglichst natürlicher Herkunft, notwendig, damit physisch gesundes Körpergewebe aufgebaut und erhalten werden kann. Darüber hinaus brauchen wir eine gehörige Portion (universeller) Liebe, damit die innere Struktur zur Entfaltung unserer höheren Bewusstseinsanteile auf einem stabilen Fundament steht.

Liebe verändert unser Essen

Der Körper wird auf einer feinstofflichen Ebene aufnahmebereiter für die wertvollen Stoffe, der Speisebrei kann tendenziell leichter durch den Verdauungskanal transportiert werden, und alle Abfallstoffe sind geneigter, den Körper auf direkterem Weg wieder zu verlassen. Mit anderen Worten wird durch *Liebe* eine Energie bereitgestellt, die Bewegung und Lebendigkeit unterstützt. Ein höherer Liebesquotient wirkt als Beschleuniger. Welche Art von Essen Sie zu sich nehmen und wie es zubereitet wird, ist natürlich von grundlegender Bedeutung. Darüber mehr im Abschnitt über die Wahl der Lebensmittel und das Kochen selbst.

Mit einem höheren Liebesquotienten im Essen haben wir weniger die Tendenz, die Grenzen des Sattseins zu ignorieren, weil das Körpersystem sofort erkennt, dass es ausreichend bekommen hat. Jeder Bissen schafft vom Gaumen bis zum Wiederaustritt in einer subtilen Weise größeres Wohlbefinden. Der Geschmack der Speisen und Getränke wird runder, weicher und aromatischer. Innere Anspannungen, die sich durch Unfriede, Gereiztheit, Ängstlichkeit oder Aggressionen ausdrücken, werden abgemildert. Wir fühlen uns im Körper besser aufgehoben, und unsere Gefühle und Gedanken werden harmonischer. Je mehr wir den Liebes-/Lichtanteil in unseren Körpersystemen anheben und aufrechterhalten, umso mehr werden wir einer freundlicheren Umwelt, Menschen und Lebensumständen begegnen.

Dr. Masaru Emoto, der inzwischen weltweit bekannte japanische Wissenschaftler, hat das Wesen des Wassers als Informationsträger erforscht. Er hat nachgewiesen, wie sich der Einfluss von Gedanken, Worten, Tönen auf die Struktur des Wassers auswirkt. Er hat Wasser verschiedenen Schwingungen ausgesetzt, anschließend gefroren und dann fotografiert. Die allerschönsten Kristalle entstehen durch das Einstimmen auf *Liebe und Dankbarkeit*. Klassisch negativ besetzte Worte oder Heavy-Metal-Musik bringen chaotische Formen im Wasser und den Kristallen hervor. Unsere Körper bestehen zu circa 70 Prozent aus Wasser, die Auswirkungen sind also bedeutend.

Kleine Meditation

Halten Sie kurz inne, schließen Sie die Augen und visualisieren Sie, wie der allerschönste Wasser-Eiskristall, den Sie sich vorstellen können, durch Ihren Körper wandert und jede einzelne Zelle begrüßt. Es kommt freudige Erregung in Ihren Zellgemeinschaften auf – hoher Besuch von solch blendender Schönheit. Stellen Sie sich vor, wie Ihr gesamter Körper jetzt hell erstrahlt.

Führen Sie ein Experiment durch:

Füllen Sie ein Getränk, vorzugsweise Wasser, in zwei gleiche Gläser ein. Unter eines der beiden legen Sie ein Blatt Papier. Zuvor schreiben Sie die Worte »Liebe« und »Dankbarkeit« darauf. Oder ein Symbol, das für Sie diese oder ähnliche Gefühle ausdrückt. Sie werden innerlich wissen, wann die Informationsübertragung abgeschlossen ist. Vielleicht sind Familienmitglieder oder Freunde da, mit denen Sie eine Blindverkostung abhalten können. Das heißt, Sie lassen von den beiden Gläsern kosten und jeweils beschreiben, wie das Getränk schmeckt. Der Schmeckende weiß in dem Moment aber nicht, welches der beiden Gläser Sie gerade gereicht haben. Lassen Sie sich überraschen, wie die Empfindungen ausfallen werden!

Unter physischen Lebensmitteln verstehe ich in unserem Zusammenhang, was unsere normal funktionierenden Augenfilter sehen und unsere Küchenwaagen abwiegen können.

Die Grundstoffe unserer physischen Nahrung bestehen im reinsten Fall aus Früchten, Getreide, Gemüse, Samen, Blattwerk und Essenzen aus Pflanzen. Je kürzer der Zeitpunkt der Ernte, sprich der Trennung von der nährenden Erde und der direkten Verbundenheit mit Mutter Natur zurückliegt, umso mehr von der ursprünglichen Ur-Lebensenergie/Licht/Liebe ist noch enthalten. Je ausgiebiger das Geerntete be- oder verarbeitet wird, desto mehr schwindet die ursprüngliche leuchtende Lebenskraft.

Funken aus der essenziellen Quelle des Daseins von uns allen, Lebendigkeit selbst, die uns ausmacht und gleichzeitig nährt, entweichen nach der Ernte langsam den Früchten der Erde, sie sterben langsam ab. Mit anderen Worten ausgedrückt, was wir zu uns nehmen, sind meistens pflanzliche Leichen. Bravo. Die sollen dann erfrischend auf uns wirken und uns gesund machen? Wir werden später zum Thema zurückkehren, was Sie tun können, damit die Lebensmittel wieder einen höheren Grad an Lebendigkeit erhalten.

Außerdem speichert das in unserer Nahrung enthaltene Wasser die Informationen all dessen, womit es die Frucht auf dem mehr oder weniger als liebevoll erfahrenen Weg bis in Ihren Gaumen zu tun bekommt. Letztendlich sind Informationen über alle Menschen und deren Befindlichkeiten, die mit der Frucht in Berührung kamen, gespeichert. Und Sie wundern sich vielleicht, warum Sie im Supermarkt vor dem schön arrangierten und prächtig aussehenden Obst und Gemüse stehen und sich fragen, warum Sie gar keine richtige Lust auf das Angebot haben?

*

Wenn Sie Fleisch essen, weil es Ihnen einfach köstlich schmeckt oder weil Sie sich körperlich intensiv betätigen und Ihnen sonst etwas fehlen würde oder weil Sie es nicht anders kennen, folgend ein paar Gedanken zu gespeicherten Informationen in Fleisch im Allgemeinen.

Sie würden keine Tiere essen wollen, die Ihnen persönlich bekannt waren? Und überhaupt wollen Sie nicht sehen müssen, wie das Tier zur Schlachtbank geführt wird? Sie wollen nicht sehen, wie es getötet wird? Sie wollen nicht wahrhaben, dass es prall gemästet wird und in einer engen Box sein Dasein fristet, um ihm dann zum wirtschaftlich perfekten Zeitpunkt das Leben zu nehmen, damit es verzehrt wird? Sie wollen, dass diese Arbeit andere für Sie erledigen? Sie wollen das Blut nicht sehen, das aus dem Tier läuft?

Das Äußerste wäre, dass Sie vielleicht ein angeblich hygienisch abgepacktes Filet erstehen und bei der Zubereitung die unmittelbare Berührung mit dem tierischen Muskel möglichst vermeiden? Oder am besten gleich fix und fertig zubereitet auf dem Teller vorfinden? So werden Gedanken an die Umstände des Lebens des Tieres am geeignetsten ferngehalten, und man kommt weniger leicht in Versuchung, dem Tier danken zu müssen, dass es sein Leben für uns hingegeben hat, um uns als Nahrung zu dienen.

Wie aus dem vorigen Abschnitt bekannt wissen wir, dass das Wasser im Körper des Tieres alles genau aufgezeichnet hat. Und somit werden die Informationen über die Umstände des Tierschicksals mit der Mahlzeit direkt in uns eingespeist. Guten Appetit!

Viele Menschen sind aufgewacht und widmen ihr Leben dem Bemühen, dem Nutzvieh, das uns gegenwärtig als Nahrung dient, wieder angemessene Lebensumstände und einen stress- und schmerzfreien Tod zu ermöglichen. Wenn Sie gerne Fleisch zu sich nehmen, treffen Sie die Wahl für solches, dessen Herkunft verfolgbar ist. Das wäre eine Entscheidung für definitiv mehr Lebensfreude für Mensch und Tier. Die mit »Bio« und »Öko« gekennzeichneten Produkte dienen als ideale Orientierungshilfe im Angebot.

Transformation von Erde

Unsere Körper sind wortwörtlich aus Erde erschaffen und werden wieder zu Erde.

Wir essen verwandelte Erde in Form von Pflanzen, Tieren und daraus weiterverarbeiteten Produkten. Pflanzen nehmen durch die Wurzeln *Erde* in sich auf und transformieren sie mithilfe des Sonnenfeuers. Wir Menschen und Tiere nehmen mithilfe der *Darmwurzeln* die Nahrung in unsere Körper auf und verwandeln es anhand des *Verdauungsfeuers* in neues Körpergewebe. Unsere Körper bestehen aus verwandelter Erde, und wenn sich die Seele aus dem Körper gelöst hat, zerfällt dieser wieder zu Erde. Unsere Körper sind tatsächlich aus *Mutter Erde* erschaffen und damit ein Teil von ihr. Der *Erdenkörper* ist von unserer Seele bewohnt und vom universellen Geist durchdrungen.

Ich hatte anfangs bewusst erwähnt, dass unsere Überlegungen und Ansätze zum Thema Ernährungsgewohnheiten ihren Ausgangspunkt in den Industrieländern der westlichen Welt nehmen.

Die meisten Menschen – mit Ausnahme von Bauern, Kleinviehzüchtern und Freizeitjägern – sind nicht mehr in direktem Kontakt mit Tieren, deren Leben sie persönlich beenden, um ihren Körper zu verspeisen. Die Verbindung vieler Menschen zur Natur beschränkt sich auf gelegentliche Spaziergänge und das Atmen von Luft.

In Teilen der Welt, in denen Menschen ein noch ursprünglicheres Leben führen, in denen das Verständnis und das Wissen um die Kreisläufe in der Natur noch lebendig sind, ist die Dankbarkeit der Natur und ihren Bewohnern gegenüber tief verankert und präsent. Das kann im Äußeren Ausdruck in Gebeten, Ritualen und Opfergaben finden, auch in Ernte- und Schlachtfesten. Die Segnungen und Gaben von Mutter Erde werden bewusster in Empfang genommen und geehrt, und Verschwendung gilt als Fremdwort.

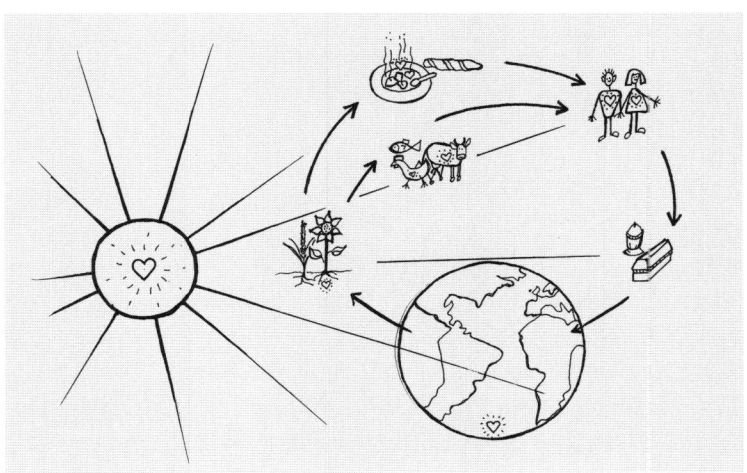

Transformation von Erde

Wessen sich naturverbundene Menschen mehr bewusst sind

Die Naturverbundenen erkennen, wie die Lebenskraft im Erdenkreislauf auf Nahrungsebene von einer Erscheinungsform (Erde, Pflanzen, Tiere, Mensch, Erde) in die nächste weitergegeben wird. Sie betrachten es als *Sünde*, diesen Fluss zu unterbrechen oder ihn zu beeinträchtigen. Sie erkennen das ursprüngliche Licht, das allem innewohnt, als den Urgrund von Nahrung an.

Lebenskraft oder Lebensfeuer, ursprüngliches oder ewiges Licht, Gott, Liebe, universelle Intelligenz, Schöpferkraft, Natur sind verschiedene Begriffe, die versuchen, sich der unfassbaren Quelle allen Seins anzunähern. Und je nachdem, wo wir im Leben gerade stehen, fühlen wir uns mit dem einen oder anderen Begriff wohler. Es ist unser Grundrecht und Lebenssinn als Mensch, uns von dieser ursprünglichen Quelle als geliebt, genährt und erfüllt wahrzunehmen.

Viele verschiedene Wege können uns als Unterstützung dienen, die Erfüllung unseres Urrechtes und gleichzeitig unserer Urpflicht auf inneres Genährtsein zu erfahren. Bewusstes Essen als Disziplin und gleichzeitig als Glücksspender ist einer davon. Im weiteren Verlauf unserer Entwicklung wird hoffentlich der Tag kommen, an dem alle Menschen an den ewigen Kreislauf und Strom der Lebenskraft voll angeschlossen sein werden. Das Wissen und die bewusste Erfahrung um die innere Beschaffenheit unserer physischen Nahrung wird Teil des Alltags geworden sein. Herrlich – welche Befreiung und welche Freude!

Machen Sie die nachfolgende Übung gleich mit, da es sich um den ersten Schritt der Praxis handelt. Am besten nehmen Sie den Text langsam gesprochen (mit Pausen) auf, oder jemand hat Freude Ihnen vorzulesen, während Sie Ihre inneren Räume besuchen. Oder Sie lesen sehr langsam, fühlen jedem Wort nach und lassen es tief in sich wirken.

Die Meditationsübungen haben aufbauenden Charakter. Die inneren Erfahrungen unterstützen jeweils die nächste Übungsebene. Bleiben Sie aus diesem Grund bei der vorgeschlagenen Reihenfolge (1 bis 6). Ein dreifacher Gedankenstrich »---« im Text bedeutet jeweils eine individuelle kurze oder längere Sprachpause, in der Sie Gelegenheit zum Wahrnehmen und Nachfühlen haben.

Meditation 1 – Einheit erfahren

Nehmen Sie einen Spiegel zur Hand und schauen Sie sich tief in die eigenen Augen.

Setzen Sie sich bequem oder legen Sie sich entspannt hin. Schließen Sie ihre Augen und atmen Sie bewusst tief und langsam ein und aus. Sie beschließen, die Gedanken zur Ruhe kommen zu lassen. Und Ihre Aufmerksamkeit widmet sich Ihrem Körper, Sie spüren ihn einfach --- überall – das Herz, die Lunge, den Magen, die Leber, die Milz, den Darm, den Darmausgang, die Speise- und die Luftröhre, den Rachen und die Mundhöhle, die Zähne, die Augäpfel, die Gehörgänge und die Ohrmuscheln, das gesamte Gehirn. Alle Knochen, die Wirbelsäule und die Schädelknochen, die Schultergelenke, die Ellenbogen, die Handwurzelknochen und die Fingergelenke, die Beckenschaufeln und die Hüftgelen- ke, die Kniegelenke, die Sprunggelenke und die Zehengelenke --- Sie fühlen alle Muskeln, alle Sehnen, die gesamte Hautoberfläche und alles, was dazwischen ist. ---

Sie spüren, wie alles in Ihnen vibriert. Sie fühlen, wie unzähli- ge Lichtfunken unentwegt in Bewegung sind. Die mikrokleinen hellsten Funken sind in unentwegter Kommunikation mit al- len Zellen, Molekülen und Atomen, aus dem Ihr Körper besteht. Und gleichzeitig sind sie die Kommunikation selbst. Sie kom- munizieren die hellsten Gedanken aus der Urquelle und brin- gen sie in die Mitochondrien, die Zellkraftwerke Ihrer Körper- zellen, und jeder Funke ist gleichzeitig überall. Wie in Ihnen so auch in jedem anderen Geschöpf und dessen Lebensraum --- ein Gedankenfunke Ihrer selbst und Sie sind mitten in Ihrem Her- zen. In einem Raum, in dessen Mitte Sie ein Bildnis dessen vor- finden, was für Sie das Allerheiligste darstellt. Ein Bildnis Ihres eigenen Seelenfunkens, Ihrer Göttlichkeit, die Sie in dieses Er- denleben getragen hat. Der heilige Gral ist gefunden. Die Liebe und die Kraft strömen in sanften Wogen. Sie tränken sich, Sie baden sich darin, bis Sie sich völlig genährt und beglückt fühlen --- lassen Sie alles mit allem in Ihnen kommunizieren und füh- len Sie die Präsenz von unermesslich viel Liebe und die lebendi- ge Verbindung zu allem was ist und dessen unendlichen Mög- lichkeiten der Erfahrung --- Sie kehren in die Wahrnehmung des physischen Körpers zurück, indem sie sich sanft bewegen und wieder tief ein- und ausatmen. ---

Nehmen Sie wieder den Spiegel zur Hand und schauen Sie sich tief in die Augen.

Als ich im vergangenen Jahr zum ersten Mal von den Ergebnissen der Forschungen des »Institute of Heartmath« in Boulder Creek, Kalifornien*) während eines Vortrages gehört hatte, war etwas in mir sofort hellwach, offen und begeistert. Wovon ich erfuhr, war sehr kurz gefasst Folgendes: Die Kommunikation zwischen Gehirn und Herz ist nicht einseitig. Das Herz sendet laufend Informationen an das Gehirn, auf welche dieses unmittelbar mit der Abgabe von Impulsen an den Körper antwortet. Fühlt das Herz Liebe, Friede, Freude, Dankbarkeit und so weiter, reagiert das Gehirn mit der Ausschüttung von Hormonen und Impulsen in den Körper, die eindeutig eine immunstärkende Wirkung haben. Auf die andere Sorte von Gefühlen und Emotionen wie Angst, Wut, Neid und so weiter antwortet das Gehirn dementsprechend mit hormonellen Ausschüttungen, die unser System schwächen. Die Gefühle und Empfindungen des Herzens interagieren auf direkte Weise mit unserem physischen Körper. Wir können daher mit unserer geistigen Einstellung und unseren Gefühlen unmittelbar Einfluss auf unsere Gesundheit und unser Wohlbefinden nehmen. Und mit guter Absicht begegnen jedem Menschen die passenden Gelegenheiten und Werkzeuge, um die Lasten Schritt für Schritt in Freuden verwandeln zu können.

Alles, was Sie mit den Gedanken und dem Gefühl von Liebe und Dankbarkeit tun, hat einen direkten Einfluss auf Ihre Gesundheit und Ihre Langlebigkeit.

Was können wir weiterhin konkret tun, damit wir unseren Zielen näher kommen? Dazu nehmen wir die vier Säulen oder Ebenen, die mit der Entstehung und dem Verzehr von herrlichen Getränken und Speisen verbunden sind, näher in Augenschein:

*) http://www.heartmath.org/

- den Küchentempel oder die Küche
- die nährenden Substanzen oder die Lebensmittel
- den schöpferischen Menschen oder den Koch und die Köchin
- den Nahrungsempfänger und -wandler oder den Esser und die Esserin.

Im folgenden Text werde ich abwechselnd vom Koch oder der Köchin, vom Esser oder der Esserin und so weiter sprechen. Gemeint sind natürlich immer die Vertreter beider Geschlechter.

Die Küche ist wie ein Gefäß oder das Fundament, in dem der schöpferische Prozess des Kochens vonstattengeht. Die Hitze des Herdes liefert das Feuer der Verwandlung, und der Koch wird inspiriert von Düften, Farben, Gerüchen und der jeweiligen Textur seiner Zutaten sowie von seinem Wunsch, den größten Wohlgeschmack und Bekömmlichkeit in den Gerichten entstehen zu lassen. Die Speisen mögen sich im Magen wohlig ausbreiten, ein Gefühl von leichter sanfter Sattheit im Körper herstellen und ein stilles Lächeln des Friedens ins Antlitz des Essenden zaubern, und alle Organe mögen in Unaufgeregtheit und im angemessenen Rhythmus ihren Daseinszweck erfüllen.

Der Küchentempel

Im Nachfolgenden ein paar Vorschläge und Ideen, wie Sie Ihre Küche gestalten können, damit die Freude beim Arbeiten noch größer wird und Sie sich dort wohl und richtig zu Hause fühlen.

Freundlicher, heller Raum
··

Ein Raum mit viel natürlichem Licht ist ideal. Sonnenschein hat noch fast jedes Gemüt erhellt und wirkt wie eine Dauereinladung, alles immer schön sauber zu halten.

Persönliche Vorlieben realisieren
··

Lösen Sie sich bei der Farbgestaltung von der übergroßen Orientierung an modischen Trends, von Farbenlehren oder von dem, was Ihre Bekannten in Küchenfragen als schön, edel und begehrenswert erachten, sofern in Ihnen selbst nicht alles deutlich »ja!« ausruft. Was ist für Sie wichtig? Sich geborgen zu fühlen, frei oder inspiriert? Werfen Sie in Fragen der Energie fördernden Farbgestaltung alle üblichen Bedenken über Bord, in erster Linie, was die Wände betrifft. Geben Sie Ihrem inneren Wissen mehr Raum. Neutral gehaltene Schränke können eine Grundlage bieten, wechselnde Farbbedürfnisse unkompliziert umzusetzen. Gestalten oder dekorieren Sie den Raum in der Art, dass es Sie immer glücklich macht, ihn zu betreten. Eine Musikanlage, Kerzen, frische Blumen, schöne Fotos oder Bilder, ein Urlaubssouvenir oder ein anderes Erinnerungsstück, schränken Sie sich nicht ein, soweit für Sie die Harmonie gestärkt wird.

Gut belüften

Fenster oder Schiebetüren direkt ins Freie sind großartig. Um- und Abluftgeräte können ein direktes Belüften nicht ersetzen. Die Umluftgeräte filtern zwar Rauchpartikel, Fetttröpfchen und Gerüche, geben aber die verbrauchte Luft direkt wieder an Sie zurück. Der Vorteil liegt hauptsächlich darin, dass sich die Dämpfe und Gerüche weniger intensiv ausbreiten und Sie um den Herd herum weniger putzen müssen. Dafür sind die Filter entsprechend zu tauschen oder zu reinigen. Abluftgeräte saugen die Luft aus der Umgebung des Herdes ab und schicken Sie ins Freie.

Praktische Einrichtung

Praktisch ist vor allem, was sich leicht sauber halten lässt. Das gilt in der Küche in erster Linie für die Oberflächen, den Boden und – auch wichtig – für alle Ecken, Kanten und Ritzen. Minimieren Sie diese und achten Sie darauf, dass man alles leicht erreicht und reinigen kann. Seien Sie darauf bedacht, dass nichts in Bereiche hinunterfallen kann, die Sie schlecht oder gar nicht säubern können. Die ungebetenen Küchenbewohner erfreuen sich sonst nur allzu leicht an ihrem Dasein. Ordnung lässt Ordnung entstehen, Schmutz lässt Schmutz entstehen.

Werkzeuge und Geräte

Behalten Sie nur jene Dinge in der Küche, die Sie auch wirklich verwenden! Verschenken Sie zum Beispiel alles, was Sie nicht mehr gebrauchen, an Freunde, verkaufen Sie die Dinge auf dem Flohmarkt oder spenden Sie diese an Hilfsorganisationen. Ungenutzte Gegenstände auf Arbeitsflächen oder in den Schränken unsichtbar gemacht, verstellt nicht nur den Platz und Ihre Sicht, sondern raubt Ihnen viel Energie. Wenn sich bei dem Unnötigen Geschenke befinden, die Sie aus sentimentalen Gründen oder, weil Sie niemanden verletzen wollen, zu behalten beschlossen haben, dann räumen sie diese in den Keller oder auf den Dachboden. Dort werden es sich die Utensilien dann bis zur nächsten Welle Ihrer Bewusstseinsentfaltung und Ihrem Entrümpelungsbedürfnis gemütlich machen, aber nicht sprichwörtlich Ihren Brei verderben.

Arbeitsfläche

Achten Sie auf die richtige Höhe der Arbeitsfläche. Wenn Sie in einer Küche arbeiten, in der die Höhe der Arbeitsfläche nicht zu ändern ist, dann greife ich persönlich zu folgendem Trick: Da ich meistens zu klein bin, stelle ich mich auf eine stabile flache Kiste oder auf ein dickeres Brett, um zum Beispiel Gemüse zu putzen und zu schneiden. Sind Sie groß gewachsen und Ihnen kommt der Gedanke an eine Puppenküche in den Sinn, erhöhen Sie die Arbeitsfläche mit ähnlicher Unterstützung und schließen Sie den Aufbau mit einem schönen hygienischen Tuch oder Brett ab. Aufrecht und locker stehen zu können, ohne einen Buckel machen zu müssen oder eine Schulter laufend hochzuziehen (mehr darüber noch später), tut dem Fluss der Energien, Ihrer Gesundheit und letztendlich auch dem Ergebnis Ihres Schaffens gut.

Kühlschrank

Achten Sie nicht nur darauf, dass der Kühlschrank ausreichend groß und sauber ist, sondern füllen Sie ihn vor allem nicht mit mehr Vorräten an, als Sie in einem angemessenen Zeitraum zu verbrauchen gedenken. Sie verlieren sonst leicht den Überblick, und Verderbnis in Form von Fäulnis und Schimmel kann sich zügig ausbreiten. Mit anderen Worten ausgedrückt, auch im Kühlschrank soll kein *Stau* entstehen. Halten Sie alles immer schön im Fluss und in Bewegung.

Schimmel ist wie eine Infektion, die Sporen breiten sich aus und befallen hemmungslos jeden Inhalt des Kühlschranks, der sich als Nährboden anbietet. Das bloße Auge sieht noch nichts, doch die Stoffwechselprozesse sind schon im Gange und derer *Genuss* wirkt toxisch. Der Kühlschrank kann die *Frische* also verlängern, setzt aber nicht die Gesetze der Alterung außer Kraft. Entwickeln Sie ein gesundes Gefühl dafür, was Sie nicht mehr zu sich nehmen wollen.

Eine gute Beleuchtung der Arbeitsfläche wird Sie sehr erfreuen

Man sieht alles einfach besser und es entsteht eine größere Klarheit für das, was Sie tun. Besonders in ganz kleinen Küchen ist helles Licht sehr unterstützend. Schauen Sie sich die Schnittflächen von rohem Gemüse einmal genauer an. Es können sich Einblicke in den Aufbau von *Universen* auftun. Haben Sie schon einmal so richtig die Schönheit und die Farbe einer Karotte oder Roten Beete betrachtet oder die Struktur eines Romanesco, einer Blumenkohlzüchtung aus Italien, genauer in Augenschein genommen? Eine essbare Präsentation vom fraktalen und holografischen Aufbau von Welten!

Auf allgemeine Hygiene achten

Wechseln und kochen Sie Schwämme und Tücher öfter aus. Nicht zuletzt durch Putzmittelwerbung ist das Wissen gegenwärtig, dass im Allgemeinen in Toiletten und Bad weniger Bakterien wohnen als in der Küche. Brutstätten der Sonderklasse sind feuchte Lappen und Schwämme.

Gedanken an die Arbeitsabläufe

Setzen Sie sich nicht unnötig unter Druck, indem Sie sich in irgendeiner Form zu viel vornehmen, sonst wird der *Liebesfaktor* gleich automatisch reduziert. Ihr erster Maßstab ist die Zeit, die Ihnen zur Verfügung steht oder die Sie sich nehmen wollen. Sie selbst kennen Ihr Arbeitstempo am besten. Lassen Sie sich ein bisschen Zeitreserve für Unvorhergesehenes oder auch für angenehme Überraschungen. Gehen Sie alle Arbeitsschritte im Geist durch und überlegen Sie, welche Werkzeuge Sie benötigen werden. Schaffen Sie sich genügend Platz. Ordnen Sie alles so an, damit ein harmonischer Arbeitsablauf gewährleistet ist, was auch in kleinen Küchen möglich ist. Wenn es an der Fläche mangelt, müssen Sie zwischendurch nur laufend wegräumen und sauber machen. Das erhält die Struktur und Klarheit während des Schaffens in Ihnen und später auch im Essen aufrecht. Egal ob Sie eine kleine oder eine geräumige Küche haben, lassen Sie sich von den äußeren Umständen nicht verunsichern: Sie sind der Chef!

Musik

Es ist schön, bei Musik zu kochen, sich von Musik begleiten zu lassen. Sie als Unterstützung zu nutzen, um etwa das eigene Energieniveau anzuheben, um in größerer innerer Klarheit und Motivation ans Werk gehen zu können. Um schöner schneiden zu können, besser abschmecken, den Garpunkt besser zu fühlen, direkter wahrzunehmen, wie das Gemüse von Ihnen behandelt werden will. Vielleicht geben Sie Ihrem Chili con Carne oder den Tortillas mit Guacamole mit einer heißen kubanischen Salsa-Scheibe noch richtig Pep, und Sie tanzen beim Herd gleich mit. Dann wird die anschließende Mahlzeit zu einem anregenden Freudenfest.

Energetische Reinigung des Raumes

Energetische Rückstände von negativen Emotionen, die von anderen oder Ihnen selbst erzeugt wurden, fördern keine angenehme Atmosphäre in Räumen, in denen Essen zubereitet wird, das unsere Gesundheit und unser Wohlbefinden fördern soll.

Je nachdem, was Sie sich selbst zutrauen oder – anders ausgedrückt – wie uneingeschränkt Sie sich mit dem universellen Geist verbunden fühlen, werden Sie sich zur einen oder anderen Methode der energetischen Raumreinigung hingezogen fühlen, zumindest bis zu jenem Punkt, an dem Sie keiner Methode oder Technik mehr bedürfen, weil Reinheit und Klarheit Sie stetig durchdringt und umgibt.

Die Möglichkeiten zur energetischen Reinigung sind:

Räuchern

Der klassische Weihrauch hinterlässt einen klaren, weiten Raum, in dem Sie sehr leicht Ihre von Verstand und Herz erschaffenen Absichten und Wünsche einsetzen und wachsen lassen können. Verschiedene Räuchermischungen nuancieren das Reinigungsergebnis und geben bestimmten Energien mehr oder weniger Halt, wie zum Beispiel der Klarheit des Geistes, sinnlicher Entfaltung oder Herzenswärme. Achten Sie auf alle Fälle darauf, dass keinerlei Chemie, auch nicht in Form von Duftstoffen, enthalten ist.

Klänge

Die Klänge von Mantren, allgemein von erhebender Musik, Klangschalen, Zimbeln und Gongs oder Ähnlichem erzeugen eine Energie von höherer Ordnung. Energien höherer Ordnung transformieren im Allgemeinen Energien von niedrigerer Ordnung.

Engelsflügel

Stellen Sie sich vor, dass der Engel der Reinigung zu Ihnen kommt, wenn Sie ihn brauchen und ihn rufen. Sie belästigen ihn nicht, ganz im Gegenteil, denn er erfüllt seinen Daseinszweck, Ihnen zu Diensten zu sein. Entweder Sie bitten ihn, alle unheilvollen Energien aus dem Raum quasi »ohne Ihr direktes Zutun« zu entfernen, oder Sie fühlen das große, blendend weiße Wesen sehr nah hinter sich stehen. Vielleicht ist es Ihnen angenehmer, mit dem Wesen zu verschmelzen. Wenn Sie Ihre Arme heben, fühlen Sie, wie sich die großen Flügel erheben und ausbreiten. Und Sie können nun durch den Raum schreiten und alles in Reinheit verwandeln, was die Flügel und deren Ausstrahlung berühren. Wichtig: Alle Ecken, die Decke und dunkle Winkel nicht vergessen! Vielleicht kommt Ihnen dabei in den Sinn, dass Sie etwas Bestimmtes entsorgen sollten. Sie dürfen dem Engel zum Abschied gerne danken.

Reinheit des Herzens

Sie fühlen, dass Sie nichts und niemanden brauchen, um die *richtigen* Schwingungen in Ihren Küchenraum zu bringen. Allein ein Gedanke an Ihre wahre Unabhängigkeit, an Ihre Kraft und aufsteigende Liebe lässt jeden Hauch von Stress von Ihnen abfallen.

Sie müssen nicht speziell sitzen oder sogar liegen. Sie suchen sich einfach einen stimmigen Platz in Ihrer Küche. Das kann da sein, wo Sie üblicherweise Ihr Arbeitsbrett auflegen oder vor dem Herd. Finden Sie die Stelle, an der Sie sich am besten und machtvollsten fühlen. Vielleicht finden Sie eine Stelle, die Ihnen sagt, dass sich die Kraft der Reinheit von dort aus wie von selbst in den Raum ausbreitet.

Meditation 2 – Reinheit erfahren

Sie sind also zur Ruhe gekommen und lenken Ihre Gedanken zur Erde, an die Trägerin und Ernährerin aller physischen Wesen auf diesem Planeten. Dankbarkeit breitet sich in Ihrem Solar Plexus und in Ihrem Herzen aus --- Sie fühlen die lebenserhaltende Verbindung. Sie fühlen, wie die Erde Sie und Ihren Körper buchstäblich hält. Und Sie nehmen wahr, wie Sie selbst ein Teil der Erde sind --- und Ihr Herz spricht zu Ihnen von einer Sehnsucht. Von der Sehnsucht sich auszudehnen, um allem Vergessenen und Verlorenen wieder zu begegnen. Ein großer, weiter, weißer Trichter öffnet sich über Ihrem Scheitel, und strahlendes, helles Licht fließt in Sie ein und durch Sie hindurch und erfüllt alle Zellen --- Die erdige und die himmlische Nahrung vereint sich in Ihrem Herzen. Welche Schwingung auch immer Sie weiterzugeben wünschen, steht Ihnen zur völlig freien Entnahme zur Verfügung. Und je mehr Sie geben, umso mehr wird davon nachfließen. Sie können sich entscheiden, die Energien in einem Strahl zu bündeln und über die Handchakren und Fingerspitzen nach außen zu leiten. Durch Gedanken an Berührung oder mit physischer Berührung selbst erfolgt die Übertragung sehr effektiv. Sie drehen sich ganz langsam, halten Ihre Handflächen dem Körper abgewandt und fokussieren Ihre Aufmerksamkeit auf die Transformation in Reinheit, Klarheit und Gesundheit, bis alles davon berührt und befruchtet ist. Sie wissen, wann der Prozess vollendet ist --- Sie danken der Erde, dem Schöpfer und sich selbst. Sie atmen tief durch und sind richtig zufrieden mit sich und der Welt.

Und dann: frohes Schaffen! Alle, die heute in den Genuss Ihres Essens kommen, sind wahrhaftig zu beneiden!

Wächter des Lichts

Man hat es nicht gerne, dass, wenn alles schön sauber gemacht ist, dann unmittelbar folgend jemand gedankenlos Schmutz verbreitet. Im Eingangsbereich frisch aufgewischt? – Mit Garantie fängt es gleich zu regnen an, und Hund samt Kind lassen sich beim Hereinstürmen nicht mehr rechtzeitig abbremsen. Na ja – also nochmals zurück an den Start.

Sie haben in Ihrer Küche also alles schön eingerichtet, auch energetisch gereinigt und erkannt, dass die Anforderung und die Annahme der Unterstützung durch Wächter des Lichts Sinn ergibt und in der Ordnung des Schöpfers liegt. Die Wirkung liegt im Feinstofflichen. Durch die Anregungen, die Sie aus diesem Feld beziehen, wird es Ihnen leichter fallen, in Ausgeglichenheit und in Gleichmut zu verweilen.

Gehen Sie in Ihr inneres Allerheiligstes (wahlweise Übung 1 oder Übung 2) und bitten Sie, dass vier Wächter des Lichts in Ihren Küchentempel einziehen. Wahrscheinlich werden die Wächter ihre Position wie vier Säulen in den Ecken Ihres Küchenraumes einnehmen. Und formulieren Sie genau, auf welche Bereiche die Wächter speziell ihr Augenmerk legen sollen. Diese halten von sich aus die Energie im Raum stabil, in der Form, wie Sie ihnen den Raum übergeben. Das heißt, die Wächter halten die Form, und Sie achten darauf, was Sie hineingeben. Begrüßen und danken Sie den Wächtern täglich und bleiben Sie mit Ihnen in Kommunikation. Andernfalls werden sich die Wächter zurückziehen.

Erklären Sie die Küche zur Tempelzone Ihres heiligen Tuns und achten Sie darauf, dass dort die Sitten nicht verrohen.

Energiedusche

Wenn Sie dazu neigen, sich von den emotionalen Zuständen anderer Menschen leicht anstecken zu lassen, zum Beispiel durch deren Hektik und Ungeduld, dann kann ich Ihnen die Installation einer Energiedusche wärmstens empfehlen. Sie hilft, sich leichter zentrieren zu können und diesen Zustand länger aufrechtzuerhalten. Unmittelbar dort, wo die Küche betreten wird, ist der ideale Platz für die Dusche. Vielleicht fühlen Sie sich mit einem funkelnden Südseewasserfall noch wohler. Bauen Sie jedenfalls eine *Lichtschranke* mit ein, damit sich die reinigende Energie vollautomatisch auf jeden Besucher ergießt. Der Wasserfall reinigt den Emotionalkörper. Die Königsidee ist, als Koch oder Köchin selbst etwas darunter zu verweilen, damit nicht nur Reis und Gemüse, sondern auch die Zutat der Liebe ohne Verunreinigungen verarbeitet werden kann. Die Lebensdauer und Wirkkraft der Dusche hängt ebenfalls davon ab, wie nachhaltig sie durch Ihre Gedanken, Ihre Vorstellung und Ihre Nutzung genährt wird.

Die nährenden Substanzen

In den letzten Jahren hat eine Bewusstseinsrevolution ihren Anfang genommen, die es ermöglicht, sich neuen Wirklichkeiten zu öffnen. Immer mehr Menschen verspüren ein Bedürfnis nach Ganzheit, es bilden sich bereits Inseln der Ganzheit. Menschen ähnlicher Ausrichtung finden zusammen und vernetzen sich. Die ursprünglich gesunden Strukturen können langsam wieder Auferstehung feiern. Alles Denaturierte kann sich auf längere Sicht erholen. Alles Degenerierte kann Schritt für Schritt regenerieren. Wenn Sie spätestens beim Lesen der vorhergehenden Seiten den Verstand aktiviert und gleichzeitig das Herz geöffnet hatten, dann ist bereits in Ihr Bewusstsein getreten, welche Ebenen eine ganzheitliche Nahrung umfassen könnte:

1. Die Ebene, die wir *Lebensenergie* nennen können und die unmittelbar mit der Urenergie der Schöpfung verbunden ist. Sie ist die *eigentliche* Nahrung, die nur in frischen Produkten enthalten ist und deren Abwesenheit in so vielen Lebens- und Genussmitteln auf Dauer fatale Auswirkungen hat.

2. Die Ebene der *lebensbejahenden Informationen* durch Mensch und Umwelt. Dies fängt, um nur ein Beispiel zu nennen, bei der Liebe des Gärtners, Bauern oder Betriebsleiters zu seinem Beruf und bei der Freude an seiner Arbeit an.

3. Die Ebene der *Erde*, die alle benötigten physischen Stoffe in ausgewogener Zusammensetzung bereithält, aus denen unser Körper aufgebaut ist.

So wie die Eindrücke, die ein kleines Menschenkind erfährt, sein
Aufwachsen und später sein Erblühen im Erwachsenenalter prä-
gen, in ähnlicher Weise werden auch alle essbaren Pflanzen und
Tiere geprägt, deren Fleisch uns als Nahrung dient:

Sind die Pflanzen in Gesellschaft von anderen Arten, wachsen sie
in einer Form von gemischter Kultur heran? Oder stehen sie in
Reih und Glied in einsamer Monokultur, weil es nichts gibt außer
der Klone ihrer selbst? Stehen die Wurzeln in wohlig nahrhafter
Erde, oder werden sie von einer sterilen, künstlichen Nährlösung
umspült? Dürfen sie sich von Insekten bestäuben und befruchten
lassen und von anderen Nützlingen umtanzen, um sich gefräßi-
ge Schädlinge vom Leib zu halten? Wird ihnen eine giftige Soße
aufgesprüht, die ihnen den Atem verschlägt und die der Vorbote
des schleichenden Todes ist? Dürfen sie den Nektar der Strahlen
des lebensspendenden Sonnenlichts aufnehmen, oder fristen sie
ihr Dasein unter einer computergesteuerten Anlage von Wachs-
tumslampen? Begegnen sie den liebevollen Augen des Gärtners,
der ihre Schönheit sieht und mitgestaltet, oder werden sie frühzeitig entsorgt, weil das Maß ihres Wuchses nicht mit der überregio-
nal gesetzlich festgeschriebenen Norm übereinstimmt?

Darf das kleine Kalb bei seiner Mutter aufwachsen? Darf es die
Milch direkt von ihrer Brust trinken? Darf es auf Stroh liegen? Darf
es sich seiner Natur nach in der Herde aufhalten? Darf es frisches
Gras fressen? Darf es die Sonne sehen? Darf es seine Hörner behalten? Darf es als erwachsener Stier eine Kuh bespringen? Oder
wird ihm der Samen abgenommen und einer Artgenossin wieder
künstlich eingefüllt? Wenn es in seinem entbehrungsreichen Leben
viel Stress erfährt, darf es dann ohne Angst und Schmerz sterben?

Sofern Sie nicht seit Geburt Vegetarier sind, haben Sie sicherlich
schon mehr als genug Fleisch von Rindern gegessen, die *nichts* von

alledem durften und die mit Pharmadrogen und Stresshormonen vollgepumpt waren. Solch ein Steak oder Burger ist sicher lecker und bekömmlich! Dazu ein Salat von gleichförmig gläsernen, geschmacksneutralen, blassroten genmanipulierten Tomaten! Da kommen die Geschmacksverstärker im ewig und einen Tag haltbaren Dressing so richtig zur Geltung.

Vor ein paar Jahren wurde offensichtlich, was eine Art entfremdete Fütterung anrichten kann. Der Ausbruch des Rinderwahnsinns war hoffentlich ein Schock der heilsamen Art. Der Zusammenhang zwischen der Verfütterung von Tiermehl an die pflanzenfressenden Wiederkäuer und der verheerenden Krankheit wurde hergestellt und nachgewiesen. Wann kommt endlich der Tag, an dem die Verbindung zwischen der Flut der menschlichen Zivilisationskrankheiten und unserer tagtäglichen denaturierten und Art entfremdeten »Fütterung« hergestellt und zweifelsfrei nachgewiesen wird?

Vielleicht ist die eigentliche Ursache, warum der Verzehr von Schweinefleisch im Islam und Judentum verboten ist, in der Bandbreite dessen zu finden, was die intelligenten Tiere alles fressen. Denn sie machen auch vor Verdorbenem nicht Halt. Oder sind sie einfach zu sehr an den Menschen gewöhnt, der auch gerne stinkende alte Milch in Form von diversen Käsen als Delikatesse rühmt? Würden wir gerne das Fleisch von Hyänen oder Aasgeiern auf unseren Tellern vorfinden?

Wenn Sie gerne Fleisch essen, dann ziehen Sie solches von Pflanzen essenden Tieren, denen eine respektvolle und angemessene Behandlung zuteil wurde, unbedingt vor. In der jüdischen Tradition zum Beispiel werden in dieser Hinsicht Tiere als koscher, das heißt rein, beschrieben, die schmerzfrei getötet wurden.

Informationen über die Wesenszüge eines Tieres werden mit seinem Genuss mit aufgenommen. Raubtierfleisch oder Penisse und Hoden von wilden, kräftigen Tieren zu essen, ist in unseren Breitengraden zum Glück kaum üblich. Falls Sie einmal in die Situation kommen, etwa ein australisches Restaurant zu besuchen, und dort dem Krokodilsteak nicht widerstehen wollen, beobachten Sie einmal sorgfältig, wie Sie sich während des Kauens und danach fühlen. Praktizierenden Schamanen stehen die Energien der herausragenden, edlen und spezifischen Wesenszüge von Krafttieren wie zum Beispiel von Krähe, Wolf oder Fuchs bei ihrer Arbeit zur Verfügung. Die Tiere dürfen aber weder gejagt, getötet noch verzehrt werden.

Wie sieht es mit den tierischen Geschöpfen in den Gewässern unseres Planeten aus? Da wir mit allen und allem unsichtbar verbunden sind, ist letztendlich alles, was wir der Natur, sei es im Wasser oder zu Lande, mit unverhältnismäßigen Mitteln und in großen Mengen rauben, ein Aushöhlen unserer Selbst. Für das »Luxustier« Hummer beispielsweise ist das Grausame nicht nur der Wurf in kochendes Wasser, sondern auch alles, was davor geschah. Nämlich die Bedingungen, unter denen die Tiere nach dem Gefangenwerden bis zur Versenkung in der erlösenden kochenden Brühe in gefesseltem Zustand am sogenannten Leben erhalten werden. Dagegen zählt das Erlegen von Robben durch eingeborene Eskimos als Lebensgrundlage für sich und ihre Familie nach meinem Verständnis zu einem Akt, der nicht im Widerspruch zum Einklang mit der Natur und ihren Geschöpfen steht.

Es regt sich in uns auch eine gewisse Form von Widerstand bei dem Gedanken, etwa einen Delfin zu essen. Warum erscheint uns dies so abwegig? Hat es vielleicht damit zu tun, dass wir Delfine als Wesen *höherer Ordnung* innerhalb der Tierwelt ansehen? Weil wir an ihnen Bewusstsein und die Fähigkeit zu Gefühlen wahrnehmen, wie auch bei Elefanten, Menschenaffen oder unseren geliebten Hunden? Wo liegen die vom kollektiven Bewusstsein akzeptierten Grenzen bezüglich dessen, was uns als Nahrungsquelle dient? Über das Leben welcher Geschöpfe darf willkürlich das Todesurteil ausgesprochen werden, ohne sich *schuldig* zu machen?

Bei jenen, die im Supermarkt im Kühlregal und in der Tiefkühltruhe landen? Wo liegt Ihre persönliche Grenze? Wildschwein *ja* und Hauskaninchen *nein*? Oder bis zur Unkenntlichkeit *verwurstete* Tierteile zwischen zwei Brotscheiben versteckt *ja* und Hühnerschenkel samt Haut und Knochen *nein*?

Tiere, die sich zur Zucht im Sinne der Nutzung des Fleisches für den Menschen eignen, stellen sich, ausgedrückt durch diese Tatsache, zur Verfügung, als Nahrungsquelle zu dienen. Diesen Tieren mit Respekt und Dankbarkeit zu begegnen, sie mit allem Nötigen zu versorgen und ihnen einen Lebensraum zu bieten, der ihrer Art entspricht, ist das Mindestmaß unserer Gegenleistung dafür, dass sie in dem Wissen zu uns kommen, dass der Zeitpunkt ihres Todes fremdbestimmt ist.

Was können Sie tun?
....

Ich persönlich bin davon überzeugt, dass sich die *Liebe* in all ihren Erscheinungsformen letztendlich überall und in jedem durchsetzen wird. Sie hat die Kraft in sich, alles zu verwandeln. Sie geht nicht nur durch unseren Magen, denn sie macht dort nicht halt. Sie fließt und verbreitet sich weiter in alle Körperzellen und darüber hinaus. Erschaffen und generieren Sie Liebe in Ihrem Herzen, berühren Sie alles und jeden mit diesen Gedanken. Alle verschiedenen Aspekte, die in diesem Buch angesprochen werden, mögen Ihnen dabei helfen.

In allen Dingen müssen wir bei uns selbst beginnen. Entscheiden Sie sich für Ihre Liebe zu sich selbst, damit legen Sie die keimbereite Saat. Sie riskieren sonst sinnbildlich Ihre Blühfähigkeit und Fruchtbarkeit, und Sie könnten Enttäuschung durch eine magere Ernte Ihrer Lebensfrüchte erfahren.

Die Sinne bewusst aktivieren

Aktivieren Sie gleich beim nächsten Einkauf alle Ihre *klassischen Sinne* und lassen Sie sie von der Einheit von Verstand und Herz (Übung 5) überwachen. Sie werden vielleicht erstaunt sein, wie deutlich die Information ist, wenn Sie zu etwas greifen wollen, das Ihnen nicht gut tut. Wahrscheinlich sind Sie dann einem inneren Tauziehen zwischen der Energie der alten angezüchteten Gewohnheiten in Ihrem Körper und der gegenwärtigen Klarheit ausgesetzt. Der Körper ist oft ein wenig träge und unflexibel, da die unbewusst im Gewebe gespeicherte Energie von der Erfahrung negativer Emotionen wie Angst, Wut oder Zurückweisung und so weiter hinderlich für einen freien und ungehemmten Lebensfluss ist. Geben Sie Ihrem Körper zu verstehen, dass ab heute Herz und Verstand verheiratet sind und dass Sie in dieser Einheit die Geschicke Ihres Lebens lenken wollen. Mit mindestens passivem Widerstand werden Sie anfänglich allerdings rechnen müssen. Lassen Sie sich nicht entmutigen und entkräften. Rom wurde auch nicht an einem einzigen Tag erbaut.

Wenn ein Bauernmarkt mit Produkten aus der Umgebung oder ein Direktvermarkter in Ihrer Nähe ist, wäre ideal. Nicht nur weil alles frisch und noch voller Lebenskraft, sondern auch weil die Verträglichkeit höher ist als bei Nahrungsmitteln, die aus der Ferne zu Ihnen gereist sind.

Kürzlich zog eine fett geschriebene Überschrift zu einem Artikel der EU-Kommission zum Thema »Lebensmittelkennzeichnung« wie magisch meine Aufmerksamkeit auf sich: »*You are what you eat – even if you don't know what it is*« – (Du bist, was du isst – auch wenn du nicht weißt, was es ist.) Als unverbesserliche Optimistin war meine Neugierde sofort geweckt. Gleichzeitig stellte sich mir die Frage, welche tiefgründigen Erkenntnisse und Einsichten man der breiten Öffentlichkeit endlich offenbaren würde. Was folgte, war enttäuschend, denn man breitete sich darüber aus, was EUoffiziell als *krankheitsverhindernd* zu verstehen sei. Alle Aussagen würden in den Bereichen der industriellen Herstellung von Esswaren und Getränken freundliche Aufnahme finden.

Es gibt einen bedeutenden Faktor in der Nahrungsmittelindustrie, der *Food Design* genannt wird. So gut wie nichts am Produkt wird dem Zufall überlassen, um die beste Vermarktung und Transportfähigkeit sicherzustellen. Der Konsument wird mit einer Auflistung von Inhaltstoffen auf der Verpackung verzaubert, und dem Ganzen wird mithilfe der Werbemaschinerie noch ein symbolischer Genusswert verpasst. Rechteckig und stapelbar sein ist aus dieser Perspektive eine Eigenschaft, die wirtschaftlichen Erfolg verheißt. Quadratisch, praktisch, gut? Abgesehen von der Farb- und Geschmacksgebung der vermeintlich besten optischen Gestaltung eines Produkts (denken Sie an die Anzahl, Dicke und Anordnung von Salamischeiben auf einer Tiefkühlpizza), wird auch bedacht, welche Konsistenz von einem Produkt erwartet wird, damit nicht irrtümlich Abneigung oder sogar Grausen aufkommen kann. Das alles ist ein weites Feld der Tätigkeit für Wahrnehmungspsychologen und Produkt-Sounddesigner. Die beschäftigen sich damit, wie sich der ideale Klang von Keks X beim Auseinanderbrechen oder der von Kartoffelchips beim ersten Biss anhören müsste. Am Produkt wird solange herumexperimentiert, bis alle Parameter, die einen ultimativen Absatz verheißen, optimiert erscheinen. Man ist unwissend und desinteressiert über eventuelle nachteilige Auswirkungen auf die subtilen Körpersysteme der gutgläubigen Konsumenten. Das Verständnis, dass ein gesunder Geist nur in einem gesunden Körper wohnen könne, wird ignoriert oder als naive Vermutung lächerlich gemacht. Um einen guten Absatz zu bewirken, erschaffen Werbung und Public Relations laufend nicht geahnte neue Gelüste und damit Emotionen, die sich vorrangig um die Befriedigung dieser Bedürfnisse kümmern sollen. Aspekte zum Wohle der Erhaltung und Erlangung von Gesundheit haben noch wenig Entscheidungseinfluss.

Schauen Sie sich die Oberfläche der angebotenen Produkte *mit allen Sinnen* genau an. Es ist Obst und Gemüse *ins Gesicht geschrieben*, ob es natürlich oder unter Einsatz von Chemie und Kunstlicht gezogen wurde. Zum Beispiel ist der Wasseranteil von chemisch gedüngten Früchten und Gemüsen höher als der von naturbelassenen. Das hat nichts mit *saftig* zu tun, das Gewebe ist mit Wasser wie *aufgeblasen.* Das Gleiche gilt auch für Muskelfleisch. Wenn diese Produkte dann günstiger als Bio/Öko sind, handelt es sich um einen offensichtlichen Scheingewinn. Denn zum einen ist der Gehalt an Mikronährstoffen niedriger und zum anderen wurde die Natur stärker belastet.

Sehr oft werden die Waren mit Wachsen aus der Petrochemie künstlich glänzend gemacht, damit sie frischer, jünger und einladend wirken, also besondere *Lebendigkeit* vortäuschen. Auf der *Bühne* Frischwarenabteilung steht Tarnen und Täuschen auf dem Programm. Silikonunterfütterte weibliche Brüste versprechen auf den ersten Blick vielleicht auch Jugend und das pralle Leben, aber der Einsatz für die Show ist groß.

Sollten Sie noch nicht überzeugt sein, machen Sie ein paar Testkäufe von natürlich gezogenen und mit Chemie *unterstützten* Früchten. Schmecken und riechen Sie.

Was uns gut schmeckt, ist meistens antrainiert. Wir halten das für natürlich, was wir gewohnt sind. Wer kennt zum Beispiel den Geschmack von echter Vanille wirklich? Von Kindesbeinen an wurde uns ein Kunstaroma mit gelbem Farbzusatz als *Vanille* verkauft. Wer einmal das Privileg hatte, echte Vanille zu schmecken, war vielleicht etwas enttäuscht. Dieses samtige, feine Aroma sollte *Vanille* sein? Doch die fermentierten Fruchtstände einer speziellen Orchideenart dominieren nicht, vielmehr schmiegen sie sich in das Gesamtaroma ein. Wobei fühlen Sie sich wohler, bei Neonlicht oder bei Kerzenschein?

Besonders Kinder sind gefährdet, künstlichen Geschmack, künstliche Farben und allgemein denaturiertes und mit Chemie versetztes Essen als naturgegeben anzunehmen. Darüber hinaus reagieren ihre zarten, empfindsamen und *unverdorbenen* Körper oft heftig auf die Flut der Chemie. Sie reagieren nicht nur mit Unverträglichkeiten und Allergien, sondern auch ihr Verhalten und die gesunde Entwicklung ihrer Gefühlswelten kann durch die künstlichen Zusätze in der Nahrung ungünstig beeinflusst werden.

Die gelebte Verbindung oder *Ehe* von Herz und Verstand ist oftmals erst die Grundlage, um wieder *richtig* schmecken zu lernen. Sonst sind den künstlich verstärkten Geschmäckern und anderer Chemie Tür und Tor geöffnet, da diese Stoffe auch eine süchtig und abhängig machende Wirkung haben. Diese kann Sie schlussendlich immer weiter weg aus dem Bereich Ihrer Mitte, weg von Stabilität und Gesundheit führen.

Schnell verbrauchen

Frisch heißt mit anderen Worten: enthält noch lebensspendende Energie. Versuchen Sie sich daran zu erinnern, wie es war, als Sie das letzte Mal Kirschen direkt vom Baum, Erdbeeren oder Erbsen vom Feld gepflückt haben oder Karotten aus einem Gemüsebeet gezogen und gegessen haben. Sie wollten nicht aufhören? Sie waren wie im Rausch und beglückt?

Nehmen Sie – so oft es geht – frisch gekochte Speisen zu sich. Eine Ebene der Betrachtung ist die Tatsache, dass die Lebenskraft nach der Ernte sukzessive aus den *Früchten der Erde* entweicht, im Gleichschritt mit dem Grad ihrer Be- und Verarbeitung sowie dem Faktor Zeit. Eine weitere Realität, die dem bloßen Auge nicht sofort zugänglich ist, ist der Prozess des *Verderbens*. Mikroorganismen sind allgegenwärtig und nützen jede Chance zur Vermehrung, sie zögern buchstäblich keine Sekunde, das gefundene Fressen für sich zu beschlagnahmen. Auch wenn Ihre Nase nach ein- oder zweitägigem Aufenthalt Ihres liebevoll zubereiteten Lieblingsgerichts im Kühlschrank noch nichts Verdächtiges wahrnimmt, sind die Prozesse der Zersetzung und des Sterbens voll im Gange. Womit nähren Sie sich lieber – mit dem Leben oder mit dem Tod?

Nahrung, die selbst wenig bis gar keine Lebensenergie enthält, reduziert beim Prozess des Verdauens unsere eigene Lebensenergie. Ähnlich dem Prinzip, wie sich beispielsweise fester Zucker oder Salzkörner im Wasser verteilen. Diese lösen sich auf und verteilen sich im Wasser, bis die Konzentration überall gleich hoch ist. Bei der Verdauung von Essen ohne Lebensenergie sinkt das Energieniveau nach dem Essen auch deshalb merklich ab, weil die vorhandene eigene Energie auf die neue *Lieferung* verteilt werden muss. Als lebender Mensch sind Sie durch die in Ihnen wohnende Seele vollautomatisch an die Zuleitung von frischer Lebensenergie angeschlossen. Es liegt nur an Ihrer Lebensweise und Ihrem Bewusstsein, ob das Eingangsventil gedrosselt ist und Sie nur »tröpfchenweise« mit Nachschub versorgt werden oder ob der relativ freie Fluss gewährleistet ist.

Ein anderer ganz wichtiger Faktor ist die individuelle Verdauungskraft eines Menschen und in direkter Beziehung dazu die Verdaubarkeit und Bekömmlichkeit der unterschiedlichen Lebensmittel und Speisen. Durch meine Arbeit in den letzten Jahren bin ich sehr tief mit den alten ayurvedischen Empfehlungen im Bereich der Ernährung verbunden worden. Ayurveda heißt übersetzt: »Das Wissen oder die Wissenschaft vom langen Leben«. Ayurvedische Ernährung bedeutet nicht *indisch*, vegetarisch oder vegan zu essen. Vielmehr geht es darum, die Prinzipien in sich zu verstehen und auf unseren Kulturraum und unsere Gewohnheiten anzuwenden. Ayurveda stellt die persönliche Konstitution des Menschen ins Zentrum der Betrachtungen. Wie viel *Feuer* enthält der individuelle Organismus, um den Verbrennungsprozess der Verdauung zügig am Laufen halten zu können? Es kann auch bei vermeintlich gesunder Ernährung sehr leicht zu Mangelerscheinungen kommen, weil der Körper das Gegessene mangels Verdauungskraft oft nicht entsprechend aufspalten und verwerten kann. Nicht jeder Mensch ist dazu geschaffen, das viel gepriesene *gesunde Ungekochte* zu sich zu nehmen. Was oben als Rohkost eingefüllt wird, kommt unten oft wieder als Rohkost heraus. Und auf seinem Durchmarsch produziert es daher eine Menge leicht vermeidbares Unbehagen. Es ist sehr lohnenswert, sich mit diesem alten Wissen, den Weisheiten und den Empfehlungen näher zu befassen.

Wasser mit lebensfördernder Information verwenden

Vor allem durch Dr. M. Emoto ist deutlich geworden, welchen Einfluss die im Wasser enthaltenen Informationen auf unser persönliches Leben und auf den gesamten Planeten Erde nehmen. Wasser durchwirkt die gesamte Erdoberfläche, die Atmosphäre und die Körper aller Lebewesen. Positive Gedanken und Worte, die Ausstrahlung von Gefühlen wie Liebe, Dankbarkeit und Mitgefühl haben eine heilende Wirkung auf gewöhnliches Wasser, das sich oft in einem jämmerlichen Zustand befindet, wenn es zu uns gelangt.

Es ist ein echter Segen, dass Wasser sehr schnell *vergessen* kann, was ihm so an schwerer und dunkler Energie aufgeladen wird. Es hat die Kraft, sich selbst davon zu befreien, wenn es frei fließen kann. Und mit *frei* sind nicht unverstopfte Leitungen gemeint. Durch Fließen in der Natur tanzt Wasser einen heiligen Tanz. Seine Pirouetten, Wirbel und Wellen ziehen die höhere universelle Ordnung in seine Substanz. Angelehnt an den Begriff der statischen *heiligen Geometrie* könnte man das *heilige Bewegung* nennen. Durch die Verwendung von Wasser dieses höheren *Ordnungsgrades* oder bei dessen Berührung kommt es zu einer Informationsübertragung. Praktischer ausgedrückt, wenn Sie hochschwingendes Wasser trinken, werden alle Wassermoleküle Ihres Körpers mit Heilenergie aufgeladen.

Es gibt verschiedene, sehr brauchbare Wasserbelebungsgeräte für das Haus- oder Wohnungsleitungssystem auf dem Markt. Das aktivierte Wasser nützt nicht nur Mensch, Haustier und Pflanzen, sondern schont auch alle verwendeten Geräte, die mit Wasser in direkte Berührung kommen. Wer eine besonders sinnvolle Tat für die Erdengemeinschaft vollbringen will, schickt sein Abwasser durch ein Wasserwandlungsgerät, bevor es Haus und Hof wieder verlässt, um seine weite Reise durch Kanäle, Flüsse, Seen, Meere, die Luft und den Regen und die Körper von Pflanzen, Tieren und Menschen anzutreten.

Oder Sie übernehmen die Funktion des Wasserwandlers und bringen selbst einen Segen aus (Meditation 4). Sie finden sicherlich die richtigen Worte, wenn Sie aus Ihrem Herzen sprechen. Wenn Sie duschen oder baden, danken Sie dem Wasser für seine Dienste. Die Regenerationskraft des Wassers wird dadurch sehr gestärkt und die eventuell aufgenommenen Energien von destruktiv wirkenden Emotionen und Gedanken können leichter transformiert werden.

Wasser dient uns unser Leben lang. Es stillt unseren Durst. Es steht allem Lebendigen frei zur Verfügung, es geleitet uns beim Schwimmen oder Tauchen in andere Welten, seine Wellen und die Brandung beleben uns. Es gleicht uns aus, unter der Dusche oder in der wohligen Wanne. Wenn wir überquellen vor Freude, Schmerz oder Erleichterung und der Körper die Gefühle nicht mehr halten kann, versammelt sich Wasser in unseren Augen und Tränen verlassen unsere Seelentore und befreien unseren Emotionalkörper vom Überdruck.

Wasser nimmt unentwegt ohne Widerstand allen Schmutz bereitwillig auf und trägt ihn fort. Doch das Wasser wird oft gezwungen, sich durch von Menschen erschaffene, gerade, glatte Systeme weiterzubewegen, die ihm kaum Möglichkeit zur Erholung bieten, weil die Bewegung in Form der heiligen Verwirbelungen unterbunden wird. Dadurch wird es dem Wasser sehr schwer gemacht, unsere *Energieabfälle* in reine neutrale Energie zurückzuverwandeln.

Machen Sie alle Wassertropfen, die ihnen gedient haben, zu Botschaftern ihrer Liebe zur Schöpfung.

Meditation 3 – Sich mit dem universellen Wesen des Wassers verbinden

Rufen Sie das große mächtige Wasserwesen an, den Geist, der das Wasser ist. Wasser ist ein Wesen, das verschiedene Planeten mit seiner Anwesenheit befruchtet. Wasser erscheint in einem ganz spezifischen Entwicklungsabschnitt von Planeten und deren Bewohnern. Wasser ist nicht in allen Universen vorhanden. Wenn Sie Verbindung zu dem Wesen des Wassers aufnehmen, stehen Sie gleichzeitig mit allem Wasser auf allen anderen Wasser tragenden Planeten in Verbindung und mit allen Orten, an denen Wasser existiert. Das hilft dem verdreckten und verseuchten Wasser auf unserem Planeten sehr. Denn die Reinheit, die anderswo besteht, kann somit hilfreich unserem Wasser zur Verfügung gestellt werden. Die Aufnahme der inneren Verbindung mit dem Wesen des Wassers ist ein Dienst am Planeten Erde, weil die abgebrochenen Brücken zur Einheit allen Wassers dadurch wieder aufgebaut werden.
Gesegnet ist das universelle Wesen des Wassers!

Wenn Sie ein Behältnis mit Wasser – unabhängig von dessen Verwendungszweck – oder mit einem Getränk, Lebensmitteln oder fertigen Speisen vor sich haben, können Sie Ihre Hände direkt außen auflegen. Wenn Ihre Handchakren einmal aktiviert sind (etwa mit Meditation 4), werden Sie sie sicherlich öfter in dieser neuen Form von Lebendigkeit verwenden wollen, ganz einfach weil Sie

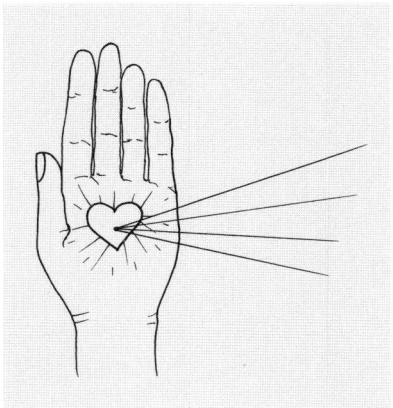

dieses Gefühl lieben werden. Sind Sie in einer Situation, in der das unpassend oder unpraktisch erscheint, weil Sie etwa Ihren Urin oder das Wasser eines bestimmten Flusses segnen wollen oder Sie in einer Situation sind, in der Sie nicht *auffallen* wollen, machen Sie alles mit der Kraft Ihrer Gedanken und Vorstellung. Das geht mit ein bisschen Übung blitzschnell und erschafft ein gleichwertiges Ergebnis.

Meditation 4 – Segnung verschiedener Substanzen

Atmen Sie einmal tief durch und entlassen Sie Gedanken und Gefühle, die jetzt nicht zur Situation gehören. Ihre Absicht und Ihr Bedürfnis ist es nun, einer bestimmten Substanz zu einer reineren Information und höheren Schwingung zu verhelfen. Schließen Sie Ihre Augen und atmen Sie helles, weißes Licht aus der Atmosphäre in Ihr Herz --- durch Ihre Beine steigt das Licht von Mutter Erde hinauf bis in Ihr Herzzentrum --- und Ihr Kronenchakra ist weit offen und empfangsbereit für den erweckenden Strahl des ursprünglichen Lichts. --- Dieses erreicht nun Ihr Innerstes und verbindet sich mit dem Erdenlicht und Ihrem Seelenfunken in ein Feld von absoluter Harmonie, Frieden und Klar-

heit. --- Das Licht dieser Quelle der Dreiheit kennt keine Feinde, alles, was davon berührt wird, hört den Ruf des Ursprungs. --- Die gegebenen Impulse durchlichten alle Ebenen der Manifestation bis in die dichteste Materie hinein und hindurch.

Sie können das Licht vom Herzen ausgehend nun zu Ihren Handchakren und den Fingerspitzen leiten, oder Sie wissen ganz einfach, dass es Ihnen nun zur Lenkung und Übertragung zur Verfügung steht. Sie lenken den Strom der Erkenntnis und der Liebe dorthin, wo Sie es in Übereinstimmung mit Ihrer inneren Weisheit als notwendig erachten. Und so fühlen oder wissen Sie auch, wann der Vorgang vollendet ist. Oder noch einfacher, kraft Ihres inneren Wissens sind Sie durchdrungen und umgeben von ursprünglicher Reinheit und Lebenskraft. Sprechen Sie einen Dank an die Schöpfung aus, atmen Sie wieder tief ein und aus.

*

Vielleicht erscheint es Ihnen angemessen, noch spezifischere Schwingungen mitzugeben, wie Dankbarkeit, Freude und Spaß am Leben, Leichtigkeit, Wahrheit sprechen und erkennen oder Ähnliches. Vermeiden Sie es, sich auf Wünsche auszurichten, wie etwa Ängste zu befreien, Traurigkeit loszulassen oder Hunger in der Welt zu vernichten. Wenn Sie so denken, bleibt allein durch Ihre Entscheidung zu dieser Formulierung Ihr Energiefeld mit Ängsten, Traurigkeit und Hunger direkt verbunden. Es werden jene Aspekte, die Sie loswerden oder befreien wollen, dadurch regelrecht mit Energie angereichert und im Eigenleben gestärkt. Per universellem Gesetz muss Dunkelheit dem Licht weichen.

Sollte in Ihnen nun der an sich großartige Gedanke erwachen, in dieser Weise lebende Menschen zu *behandeln*, bedenken Sie bitte in Ihrer Begeisterung, dass niemand zu seinem Heil gezwungen, überredet oder sonst irgendwie manipulativ angeleitet werden darf. Bemühen Sie sich in dieser Hinsicht zu größtem Respekt und Klarheit, mischen Sie sich von sich aus nicht ein, eine *Einladung* ist so-

50

gar die Voraussetzung für eine Wirksamkeit im Sinne von Dauerhaftigkeit. Kinder, die noch keine eigenen Entscheidungen treffen können, sowie Alte oder Behinderte, die ebenso nicht selbst entscheiden können, sind die Ausnahme bei diesem Verständnis. Allen Tieren und Pflanzen dürfen Sie stets zu Diensten sein.

Diese kurze Meditation kommt Ihnen jetzt vielleicht zeitraubend vor. Sie werden leicht feststellen, dass sich die mit der Übung verbundene veränderte Energiestruktur in Ihnen schon nach ein paar Wiederholungen automatisch einstellt, wenn Sie ganz einfach Ihre Gedanken und Absichten auf Ihr Ziel ausrichten. Das wird soweit gehen, dass nur ein einziger Gedanke genügt, um den Segen als Wirklichkeit und als wirkend wahrzunehmen.

Es gibt mit Symbolen und Informationen versehene Trägermaterialien im einschlägigen Fachhandel, mit denen Sie Ihr Wasser behandeln und aufwerten können. Auch verschiedenste Steine und Kristalle wirken als Informationswandler, die uns im Allgemeinen dabei helfen, die *wahren* Geschenke des physischen Daseins besser annehmen zu können. Es macht sicherlich viel Freude und bringt Erfahrungen und Erkenntnisse, mit all diesen Dingen zu experimentieren. Doch denken Sie daran, keine energetisch ungereinigten Kristalle oder Steine zu verwenden, sonst ist die Wahrscheinlichkeit groß, dass Sie sich unnötigerweise mit der Auswirkung von destruktiver Energie befassen müssen. Gehen Sie mit den verschiedenen Werkzeugen *spielerisch* um oder wie mit einer Krücke, die man gerne wieder hergibt, wenn sie ihren Dienst erfüllt hat. Sollten Sie sich bei dem Gedanken ertappen, dass Sie etwas Bestimmtes *haben müssen*, beispielsweise ein bestimmtes Amulett oder einen speziell programmierten Kristall, dann rufen Sie sich in Erinnerung, dass Ihre eigene Kraft nur in Unabhängigkeit wachsen kann. Es gibt außen nichts, das Sie nicht auch in Ihrem Inneren zur Verfügung haben.

Verwenden Sie so oft wie möglich energetisch angereichertes Wasser zum Kochen, Trinken und Baden. Das erschafft einen Kreislauf des Segens. Wenn Sie die entsprechende Resonanz für Hilfsmittel zur Wasserenergetisierung und -heilung in sich fühlen, dann beschaffen Sie sich diese. Oder Sie erkennen in sich die Bereitschaft und klare Absicht, regelmäßig die Segensquelle Ihrer inneren Mitte zur Wasserheilung aufzusuchen. Energetisiertes und gesegnetes Wasser wird nicht nur Ihren Körper bei der Bewältigung seiner enormen Aufgaben unterstützen, sondern es hilft auch bei allen Abläufen der Gesundung und Erholung der Natur und kann die kollektive Energie aller dem Planeten dienenden Menschen leichter transformieren und transportieren.

Wenn es zu Ihren Gewohnheiten gehört, eine Mikrowelle zum Erwärmen von Speisen oder auch Getränken zu verwenden, bitte ich Sie, ein bisschen Zeit für ein einfaches Experiment mit Gießwasser aufzubringen. Besorgen Sie sich zwei kleine Pflanzen in Töpfchen, etwa junge Küchenkräuter. Stellen Sie beide nebeneinander an einen passenden Ort. Verwenden Sie für eine Pflanze *normales* Leitungswasser, das Sie zuvor auf dem Herd aufkochen und abkühlen ließen, und die andere wird mit der gleichen Menge Wassers versorgt, das Sie in Ihrem Mikrowellenherd erhitzt hatten. Bereits nach zehn Tagen werden Sie vielleicht Ihren Augen nicht trauen können.

Der schöpferische Koch

Wer wären Sie am liebsten, wenn Sie an Ihre Entfaltung in der Küche denken? Priesterin in Ihrem Tempel, inspirierter Künstler in seinem Atelier oder ein Alchemist in Gottes Labor auf Erden? Oder wollen Sie für sich ein anderes Sinnbild erschaffen, das Ihrer Ausdruckskraft und Ihren Wünschen mehr entspricht? Vielleicht soll die Küche für Sie der Raum einer Gebärmutter sein. Durch Sie und Ihre gebenden Hände entsteht etwas ganzheitlich Nährendes. Wenn Sie für sich oder andere kochen, werden Sie zur Mutter der Speisen. Auch wenn Sie ein Mann sind, ist das so.

Egal, wovon Sie sich am meisten angesprochen fühlen, seien Sie sich dessen bewusst, dass Sie mithilfe des transformatorischen Feuers des Herdes aus den Gaben der Natur und Ihrer Inspiration immer etwas Neues erschaffen. Auch wenn Sie nach einem Rezept aus einer Zeitschrift kochen oder aus dem völlig abgegriffenen und halb zerfallenen, handgeschriebenen Kochbuch Ihrer Großmutter einen traditionellen Festtagsbraten zubereiten. Sie erschaffen immer etwas Neues und Anderes. Kein Tag ist wie der vorhergehende. Niemals gibt es die gleiche Stimmung, die gleichen Produkte und Umstände. Sie sind nach jedem Tag und nach jeder Nacht ein *neuer* Mensch, jeder Tag und seine Erfahrungen verändern Sie. Auch Ihre Gerichte zeigen immer wieder neue Nuancen und sind Ausdruck der Gegenwart.

Lassen Sie zwei Köche dasselbe Gericht exakt nach einem vorgegebenen Rezept zubereiten. Mit Sicherheit werden Sie als Testesser geschmackliche Unterschiede wahrnehmen können. Denn die Energien des Koches/Schöpfers verbinden sich mit dem Gericht/Schöpfung, man isst oder schmeckt den Koch in einer gewissen Weise immer mit.

Die gängige Praxis ist, dass man in einem Restaurant erwartet, ein bestimmtes Gericht, das einmal den Gaumen erfreute, egal an welchem Tag, zu welcher Uhrzeit stets in gleichem Aussehen, Geschmack und Qualität serviert zu bekommen. Dies ist in gewisser Weise eine der großen Herausforderungen in der Restaurant-Gastronomie, sich als Koch dermaßen *einzuschränken*, sich immerfort zu wiederholen und wie ein optimal programmierter *Roboter* zu funktionieren.

Wie beglückend kann es sein, ist aber leider unüblich geworden, das *Gericht des Tages* serviert zu bekommen. Ich erinnere mich an Urlaube im Süden in Meeresnähe, als man aß, was an diesem Tag immer aus frischen Zutaten, immer köstlich und mit Liebe gezaubert wurde. Welche Vorfreude, welcher Genuss, welches Geschenk!

In der Lebensmittelindustrie wird unter dem Begriff *Qualitätssicherung* verstanden, durch Ausschaltung möglichst jeglicher schöpferischen Einmischung von irgendjemandem einen Standard beizubehalten, der schlicht und einfach den optimalen wirtschaftlichen Gewinn verspricht. Die Grundlage dazu – neben einheitlichen Ausgangsprodukten – ist präzise Mess- und Wiegetechnik und *Sterilität*, das heißt, der Einsatz von programmierten Maschinen hat höchste Priorität. Die Möglichkeiten sind sehr gering gehalten, dass ein menschliches Wesen irgendwo im Herstellungsprozess ein bisschen Liebe unterrühren kann. Produktionsverfahren, standardisierte Rezepte und ausreichend Chemie erschaffen ein Produkt, das die Energie der Vergangenheit festhält und sie beständig wiederholt.

Keine Chance, dass die *Magie des Augenblicks* ein bestimmtes Gewürz herbeiruft, der Kochlöffel im Topf in einem ganz bestimmten Rhythmus und einer imaginären Form folgend bewegt wird. Oder dass die Freude über den sonnigen, strahlenden Tag Geschmack einer ganz speziellen Nuance hervorbringt, der einzigartig im Wortsinn sein wird und sicherlich kaum reproduzierbar. Und die Köchin freut sich schon auf die Zubereitung der nächsten Mahlzeit, die Vorfreude über das Einströmen der Inspirationen bereitet den Nährboden dafür, dass die unendliche Vielfalt in allem was ist durch sie einen genussreichen Ausdruck findet.

Der Schöpfer geht ans Werk

Es kann verschiedene Gründe und Umstände geben, aus denen Sie nicht außerordentlich begeistert bei der Sache sind. Sie können das Kochen als eine grundsätzlich unumgängliche Pflicht betrachten, als lästige und mühsame Routine, oder Sie haben sogar ein bisschen Angst davor, weil es Ihnen an Lob und Anerkennung für Ihr Essen fehlt. Oder Sie hätten schon Lust zu kochen, aber Sie haben einfach nicht die Zeit, oder Sie lassen am liebsten die Anderen machen, weil man Sie vor langer Zeit mit scheinbar überzeugenden Worten wissen ließ, dass Sie dazu nicht geeignet seien.

Ganz egal, ob Sie es schon nicht mehr erwarten können, endlich loszulegen, oder sich lieber ungesehen aus dem Staub machen wollen, folgen ein paar *praktische Tipps und Anregungen*, die das eigene Leben erleichtern, dem Wohlgeschmack und der Bekömmlichkeit der Speisen und nicht zuletzt dem Energiereichtum und der Gesundheit aller Beteiligten dienen. Falls Sie sich *noch* der Liga der Kochmuffel angehörig fühlen, können Sie davon ausgehen, dass sich Wesentliches ändern wird, wenn Sie nur ein paar der Tipps *tatsächlich* anwenden. Sie werden sich selbst damit überraschen, wie die festgefahrenen Gewohnheiten der Verweigerung freiwillig die Anker lichten.

Negative Emotionen neutralisieren. Was passiert, wenn Sie voll von Stress und Ärger mit dem Kochen beginnen? Die destruktiven Energien übertragen sich in die Speisen und damit in die Esser. Sie dürfen sich dann über die mangelnde Harmonie am Esstisch,

Magendrücken und übersäuertes Gewebe trotz bester basenreicher Ernährung nicht wundern. Wenn Sie es irgendwie einrichten können, lassen Sie Wut und Ärger vor der Küchentür zurück, und lassen Sie Ihr Unbehagen nicht in die Töpfe fließen. Achten Sie auch darauf, dass sich Ausdrucksformen von Selbstmitleid wie Traurigkeit oder Enttäuschung nicht in die Speisen einschleichen können. Lassen Sie das trennende Schwert Ihrer Be- und Verurteilungen gegenüber sich selbst, der Welt und ihren Bewohnern während des Kochens ruhen. Legen Sie in Ihrem Inneren den Schalter um von dem Bedürfnis auszuteilen auf empfangen. Machen Sie sich empfangsbereit und schaffen Sie damit eine Voraussetzung für Gnade.

Sorgen Sie für Entspannung, bevor Sie anfangen. Die Augen zu schließen und ein paar Mal tief durchzuatmen kann schon fast Wunder bewirken. Denken Sie daran, den Atem bis in die Fuß- und Fingerspitzen und in den Kopf bis in die Augen, Ohren und Haarspitzen auszudehnen.

Wenn es die Umstände erlauben, nehmen Sie eine kurze erfrischende Dusche. Besonders vor dem Zubereiten des Abendessens nach einem arbeitsreichen, aufreibenden Tag werden Sie sich erleichtert fühlen. Und stellen Sie sich dabei vor, wie die Wassertropfen Ihren Körper umspülen und alle belastenden Gedanken und Gefühle aufnehmen. In kurzer Zeit können Ihre Klarheit, Ihr Gleichmut und Ihre Antriebskraft wieder präsent sein. Sie wissen und bekräftigen innerlich, dass durch die Verwirbelungen des Wassers beim Abfließen alle aufgenommenen Energien neutralisiert werden.

Modulieren Sie Ihre Stimmung mit Musik, wenn Sie Lust darauf haben. Das Radio ist meistens nicht die ideale Schallquelle, außer wenn Sie sich bewusst sind, worauf Sie sich bei einem bestimmten Programm einlassen. Gerade im Programm von Pop-Sendern treiben zwischen vielen durchaus stimmungserhellenden Liedern immer wieder richtige Lichtvernichter wie mit einem Keulenschlag ihr Unwesen, ständige sinnfreie Kommentare und die Energie der Nachrichten über die aktuellsten Katastrophen in nah und fern zwischendurch beeinträchtigen Ihre besten Bemühungen, lichtvolle und nährende Speisen zuzubereiten.

Legen Sie sich eine Sammlung von *Küchenmusik* an, auf die Sie bei Bedarf wie in das Gewürzregal zugreifen können. Beispielsweise etwas Erhebendes, das Sie ausrichtet und die Konzentrationskraft unterstützt, etwas Reinigendes wie Gongs oder Mantren, etwas, das Sie leicht, fröhlich und beschwingt macht, etwas, das Sie beruhigt und Stress entlässt oder Ihre Sinnlichkeit erweckt. Etwas zum Mitsingen und noch anderes, bei dem Sie sich gut und anschließend sogar besser fühlen.

Seien Sie sich des zur Verfügung stehenden Zeitraumes bewusst. Überfüllen Sie nicht das Fassungsvermögen Ihres Zeitraumes, sonst geht es Ihnen an die Substanz. Kochen Sie lieber etwas Einfaches in Muße, Ruhe und Liebe. Wenn Sie etwas Aufwendigeres zaubern wollen, dann nur wenn die Zeit zur Verfügung steht oder Sie sie bewusst freihalten wollen. Jeglicher Druck, unter den Sie sich stellen, ist kontraproduktiv und lässt keine Freude aufkommen.

Ein klassisches Beispiel ist, dass Sie Gäste eingeladen haben, die Sie und auch sich selbst mit einem speziellen Menü ehren wollen. Anstatt den wunderbaren Braten zu machen, den Sie in Ihrer Kindheit schon gerne bei Ihrer Großmutter gegessen hatten und bei dessen Genuss regelmäßig alle zu schmelzen beginnen, bei dessen Zubereitung Sie nichts mehr überraschen kann, entscheiden Sie sich für ein Rezept, das Sie noch nie ausprobiert haben. Alles klingt beeindruckend, und die dazugehörigen Bilder sehen nach Feinschmeckerküche aus. Die Arbeitsschritte scheinen simpel und der erhoffte Effekt garantiert. Aber wie wenn Sie es geahnt hätten, fängt das Stressprogramm schon bei der Besorgung der exotischen

Zutaten an. Bei der Zubereitung tun sich dann in der Arbeitsanleitung plötzlich Widersprüche auf, und in Ihnen kommen unaufhaltsam längst vergessene Gefühle von Rat- und Hilflosigkeit auf. Je mehr die Zeit verfliegt und noch nichts fertig ist, umso mehr verlieren Sie die Übersicht, der Inhalt im Topf hinten links brennt an, Ihr Adrenalinspiegel nähert sich mit zügigen Schritten dem Anschlag und so weiter und so fort.

Geben Sie an Tagen ohne terminliche Verpflichtungen von Schule, Arbeit und Freizeit so oft wie möglich die Devise aus: »Essen gibt es, wenn es fertig ist!« Halten Sie frisches Obst, Trockenfrüchte oder Nüsse bereit, falls der Hunger zu groß wird, und lassen Sie sich aus der Verbindung zu Ihren Schöpfungen nicht herausreißen. Wenn Sie mit Ruhe und Bedacht am Werk die Arbeitsschritte im Geist durchgegangen sind und Sie den Überblick haben, werden Sie fast immer nach Ihrem ursprünglichen Plan fertig sein.

Tun Sie sich viel Gutes, indem Sie darauf achten, dass Ihre Messer scharf geschliffen sind und von ihrer Größe und dem Gewicht her angenehm in Ihrer Hand liegen. Zu kleine, darüber hinaus vielleicht auch stumpfe Messer sowie zu kleine Arbeitsbrettchen verbreiten eine nervende Atmosphäre von Mangel und Kleinkrämerei. Der Vorteil von scharfen Messern liegt nicht nur im leichtgängigen Schneidegenuss, sondern sie fordern automatisch Ihre klare Präsenz bei der Schnittführung ein, was sonst austretendes Blut zur Folge haben könnte.

Machen Sie zwischendurch immer wieder eine energetische Reinigung Ihrer Küche (siehe Abschnitt Küchentempel). Abgesehen vom erwünschten Effekt, drücken Sie damit Ihre Wertschätzung gegenüber sich selbst aus. Sie werden für sich selbst Dankbarkeit verspüren, dass Sie Ihre Bedürfnisse nicht ignorieren, und ziehen damit weitere freundliche Umstände in Ihr Leben.

Aufrecht und locker stehen. Die Arbeitsbehelfe, die Sie zur Zubereitung benötigen, sind zur Hand, Sie haben ausreichend Platz, und der Rest der diversen Utensilien ist soweit entfernt, dass sie Sie in Ihrem Dasein nicht belästigen können. Sie stehen schön locker und aufrecht an Ihrer Arbeitsfläche. Besonders die Kniegelenke sind entspannt, vermeiden Sie ein Hohlkreuz. Spannen Sie die Bauchmuskulatur leicht an, dann hat auch der Oberkörper mehr die Tendenz sich aufzurichten. Die Arbeitsfläche ist auf idealer Höhe, wenn die Schultern entspannt sind und die Ellenbogen bei der Arbeit etwa in einem rechten Winkel. Eine unverkrampfte Haltung macht Sie automatisch offener, ausgeglichener, stabiler und sogar kreativer.

Es gibt einen berühmten Fernsehkoch im deutschsprachigen TV, der während der vielen Jahre am Herd einen recht *runden Rücken* entwickelt hat. Der Grund mag darin liegen, dass die Düfte, die seinen Töpfen und Pfannen entströmen, solch eine Begeisterung in ihm auslösen, dass seine Nase stets direkt und tief aus den von ihm produzierten Wohlgerüchen schöpfen will.

Verbinden Sie sich mit Erde und Himmel in Ihrem Herzen (siehe Meditation 4) und formulieren Sie Ihre Absichten wie etwa:

> *»Die Heilende Schwingung der universellen Liebe*
> *ist in mir und den Speisen präsent.*
> *Ich bin dankbar für alles, was ich im Leben habe,*
> *was mich umgibt und unterstützt.*
> *Die durch mich zubereiteten Speisen*
> *stärken die Gesundheit und die Freude am Leben.«*

Wahrscheinlich haben Sie zwischendurch auch Wünsche persönlicher Natur, die Sie immer in der Gegenwart formulieren. Das schaltet die Energie der eventuell enttäuschenden Vergangenheit und der ungewissen Zukunft aus. Verbinden Sie sich mit allem, was ist, der Ebene des gesamten Potenzials, in der die Erfüllung aller Wünsche bereits existent ist. Da Sie all diese lebensfördernden Energien in diesem Moment in Ihrer Wirklichkeit fokussieren, haben auch Ihre Schöpfungen die gleichen Eigenschaften, wenn Sie sich während des Arbeitens nicht ablenken lassen und keine Emotionen entwickeln, die Sie aus der Mitte bringen. Bleiben Sie in Verbindung zu Ihrer inneren Stimme, die immer mit *allem* verbunden ist. So wird auch Ihre kreative Seite mehr und mehr nach Ausdruck drängen.

Ein kleiner Extradank an Mutter Erde wird für Sie kein Pflichtakt sein, sondern ein echtes Bedürfnis. Unser Leben ist nicht nur direkt mit ihrer Existenz verbunden und genährt, unsere Körper sind direkt aus ihrem Körper erschaffen. Das Bildnis eines aus Lehm geformten Körpers, der mit Geist beseelt wird, ist der Realität recht nahe.

Das Wahrnehmen der Erdenfrüchte. Wenn Ihr Gemüse zum Schneiden und zur weiteren liebevollen Behandlung bereitliegt, haben Sie es zuvor eingehend betrachtet, haben die feinen Farben und Strukturen wahrgenommen. Die Duftpartikel sind in Ihre Nase geströmt, denn selbst eine rohe Kartoffel entlässt einen dezenten Geruch. Sie haben schon ein bisschen probiert und wissen um die Ausprägung von Süße und Herbheit, und gewiss haben Sie den Grad der Festigkeit und Feuchtigkeit festgestellt. Nun richten sie an das Gemüse die Frage, mit welchem Gewürz und welchem Geschmack es heute verschmelzen möchte, um seine Eigenschaften am besten darbieten zu können, und wie es gegart werden möchte. Ganz langsam bei milder Temperatur, um mit seiner schmeichelnden Süße zu betören, oder lieber schnell und heiß gebraten, damit intensive Aromen und Funken der Leidenschaft entstehen.

Je mehr die *Früchte der Erde* ideale, natürliche Bedingungen beim Wachsen hatten, desto intensivere Aromen und Lebendigkeit tragen sie in sich, und ihr ausgeprägter Charakter wird weniger nach würzendem Beiwerk verlangen. Unfrisch, profillos und von Anfang an mangelernährt, werden sie sich nach aufregenden, peppigen Gewürzen sehnen, die ihren letzten Auftritt noch einmal groß in Szene setzen. Sollte das Gemüse aus dem Tiefkühlfach kommen, wird es nicht mehr sehr auskunftsfreudig sein. Was Sie vernehmen könnten, wäre: »Mir doch egal, was du machst«, wenn überhaupt, »denn ich bin ohnehin schon mehr abgestorben als noch existent.«

Schneiden Sie mit Sorgfalt und Liebe mit Ihrem herrlich scharfen Lieblingsmesser. Es gibt so viele mögliche Formen, probieren Sie verschiedene aus. Eine allgemeine Regel besagt, dass je weniger Zeit zum Garen zur Verfügung steht, umso kleinere Schnitteinheiten Sinn ergeben. Es gibt asiatische Schneidetechniken, deren Meister über das tiefe und genaue Wissen verfügen, welche Schnitte und Formen welche Energien erschaffen. Fest steht, dass Sie beim Schneiden Energien erschaffen. Zerhacken Sie deshalb niemals lieblos das Gemüse. Lassen Sie Aggressionen nicht unbewusst an den Früchten aus. Zick-Zack-Zyliss. Ich erinnere mich an ein in meiner Kindheit und Jugend stark beworbenes Küchenutensil zum Zerkleinern von Zwiebeln, das zum Wildwerden nahezu herausgefordert hat. Beim Einsatz von elektrischen Küchenmaschinen für das Zerkleinern gleichen Sie absichtsvoll die mechanischen Energien der Bearbeitung aus.

Das Gleiche gilt für das Umrühren in Töpfen und Pfannen. Machen Sie es mit Bedacht und ohne Hektik. Dies ist ein idealer Zeitpunkt, um noch eine Portion universeller Liebe einzurühren, mit dem Kochlöffel als Verlängerung aus ihrem gebenden Herzen. Umrühren ist nicht Selbstzweck. Sie rühren wahrscheinlich selten kochendes Wasser, weil da offensichtlich ist, dass Ihr Zutun nicht vonnöten ist. Umrühren dient in erster Linie der optimalen Verteilung des Feuerelements im harmonischen Zusammenspiel von Wasser und Erde. Wenn Sie wachsam und mit Ihren Schöpfungen in den Töpfen verbunden sind, spüren Sie den Moment, da ein Umverteilen durch Rühren oder Umheben gebraucht wird. Wird der Punkt der Notwendigkeit beharrlich ignoriert, werden Strukturen in Formlosigkeit und undifferenziertem Geschmack aufgelöst.

In Flüssigkeiten könnten Sie zum Beispiel Abschnitte Ihrer Lieblingsmelodie eindirigieren. Machen Sie jedenfalls immer harmonische Bewegungen mit dem Kochlöffel. Energetisieren Sie mit Achterschleifen, dem Symbol der Unendlichkeit, oder mit rechtsdrehenden Spiralen.

Verwandlungsenergie des Feuers. Adrett geschnittene Speckwürfelchen warten inmitten der noch kalten großen Pfanne auf die Entfaltung ihres Schicksals. Ihr Wesen ist köstlich nährendes Fettgewebe in Würfelform, doch noch recht eckig, blass und wie festgeklebt. Sogleich wirkt wohldosierte Hitze auf sie ein – ihr Dichtezustand wird verändert, sie entspannen sich, werden flüssig und beweglich und erreichen tanzend die weit entfernte Pfannenwand. Knusprig und mit aufgeheizter Erwartung empfangen sie die zarten Zwiebelstreifen, die sich der Behandlung in der Pfanne völlig hingeben. Denn kaum sonst etwas versteht es so vortrefflich, sich ihrer verhaltenen Süße zu bedienen und ihre beißende Schärfe in geschmeidige goldene Aromen zu verwandeln …

Unterstützen Sie mit Ihrem Wissen und Ihrem Bewusstsein, damit im Kochtopf alles *ins Reine* transformiert und gleichzeitig mit Energie angereichert wird. In weiterer Folge auch in den Menschen, für die Sie die Speisen zubereiten. *Feuer* ist als Prinzip zu verstehen. Eine sichtbare Flamme ist für die Wirksamkeit nicht Voraussetzung. Alle gängigen Herde sind in diesem Sinne geeignet, bis auf ein Gerät: die Mikrowelle.

Vermeiden Sie es, wenn es sich irgendwie einrichten lässt, Ihre Nahrung den Mikrowellen auszusetzen. Die Strahlung *vergiftet* alle Nahrungsmittel, mit denen sie in Berührung kommt und denaturiert sie. Das heißt, sie verändert die natürliche Struktur der Zellen. Solches Essen hat andere Auswirkungen im Körper als Lebensmittel, die ihre ursprüngliche Zellstruktur bei der Zubereitung beibehalten.

Die Liebeserklärung. Aktivieren Sie Ihre Sinnesfreuden und die Liebe zu Ihren Mitmenschen und machen Sie die Speisen zu einer Liebeserklärung an alle, für die Sie kochen und auch an sich selbst. Erfreuen Sie sich der Farben und der Düfte. Erfreuen Sie sich daran, dass Sie etwas ganz Neues erschaffen, etwas *Einzigartiges*, so wie Sie selbst es sind. Es könnte sein, dass sich bei Ihnen ein Bedürfnis zu singen einstellt. Wenn Sie bis jetzt felsenfest davon überzeugt waren, dass Sie nur Misstöne verlassen würden, lassen Sie die Luft durch Ihren Gaumen streichen, lassen Sie dem Zwerchfell Raum zum Bewegungsspiel und lauschen Sie.

Schon während der Vorbereitungen können Sie – wie mit Ihren physischen Augen – sehen, welche Freude und welchen Genuss es den Essern bereitet, die Speisen zu sich zu nehmen, wie Ihr Gesichtsausdruck weich wird und sich öffnet. Wie glücklich sie sind, so etwas Gutes essen zu dürfen. Wie erfüllt sie davon sind, dass jeder Bissen ein Geschenk für sie ist. Und durch Ihre Offenheit und Ihre Liebe zur Sache finden die Gestaltungskräfte durch Sie Ihren Ausdruck. Von überall her kommen Funken, die Anregungen und Ideen in Ihr Bewusstsein tragen. In Ihnen formt sich spätestens jetzt eine genaue Vorstellung davon, woraus Ihr Essen besteht, welche Gewürzmelodie es spielt, wie es aussehen wird. Sie sind glücklich, genau zu beobachten und zu erfahren, wie sich alle Zutaten und Elemente in Ihre Schöpfung verwandeln.

Ihr Glück wird dann perfekt und vollendet, wenn Sie nach dem Garen probieren und feststellen, dass es heute nichts mehr zu verbessern gibt. Die Konsistenz ist ideal, der Geschmack hat die richtige Intensität und Harmonie. Sogar die Schärfe ist rund, der herb-bittere Hauch im Hintergrund eckt nirgends an. Nichts sticht hervor, Süße und Säure sind ineinander verschmolzen, und Salz hat unaufdringlich seinen Dienst verrichtet. Bald ist alles bereit, um ohne unnötige Verzögerung gefällig angerichtet, vielleicht mit frischen Kräutern dekoriert und serviert zu werden. Noch bevor die anregende Wärme von den Tellern entweichen kann, wird Ihr Zauberwerk zerschnitten, zerbissen und verschluckt und geht als undifferenzierter Brei aber wohlig in den Strom der Verdauung ein.

Haben Sie schon einmal die Gelegenheit gehabt zu beobachten, wie tibetische Mönche in oft wochenlanger, hingebungsvoller Arbeit ein Symbol der Vergänglichkeit des materiellen Seins in Form eines Sandmandalas erschaffen, um es nach dessen Fertigstellung und angemessener Betrachtung wieder zu zerstören? Der Sand wird dann nach den die Zerstörung begleitenden Zeremonien wieder eingesammelt und einem fließenden Gewässer übergeben.

Die Esser sind entzückt, alle Sinne angeregt, und sie können diverse Geräusche des Wohlgefallens kaum bei sich behalten. Das Lob und der Dank, der Sie erreicht, sind unverblümt und ehrlich und macht Ihren Einsatz um ein Vielfaches wett. Sie spüren, wie das bisschen bewusste Zeit, das Sie (sich) gegeben haben, als Energienahrung zu Ihnen zurückstrebt. Und es kann sein, dass Sie selbst gar nicht so hungrig sind, weil Sie der Prozess des bewussten Kochens schon kräftig energetisiert hat.

Abfall segnen. Haben Sie kein schlechtes Gewissen, wenn etwas übrig bleibt, wofür Sie keine weitere Verwendung haben, oder Sie etwas entsorgen müssen, das Sie letztendlich zu lange aufbewahrt haben. Sie sind mit den *Rohstoffen* nicht sorglos umgegangen und waren nicht gedankenlos verschwenderisch. Während oder nachdem Sie etwas dem *Abfall*, sei es Hausmüll, Biotonne, Kompost oder dem Schweinebauern übergeben haben, senden Sie einen dicken Strahl aus Ihrem Herzen in das nicht mehr Benötigte und an

Mutter Erde. Danken Sie ihr für alle Gaben, die sie für uns bereithält. Sie geben an sie einfach *etwas zurück*, zu diesem Zeitpunkt in Form übrig gebliebener Speisen. Gliedern Sie die Biostoffe wieder bewusst in den Nahrungskreislauf ein. Diese Sichtweise und Praxis entkräftet innere Konflikte aufgrund von Selbstverurteilung und ist somit ein realer Beitrag zu Frieden und Harmonie.

Der Nahrungsempfänger
und -wandler

Den *idealen* Esser, im Sinne eines Menschen, der zielsicher zu dem greift, was sein Körper-Energie-Geist-System optimal nährt, also ergänzt und ausgleicht, könne man als einen Menschen beschreiben, dessen Gehirnhälften zu annähernd hundert Prozent synchronisiert sind und der gleichzeitig wachen, offenen Herzens ist. Das heißt, im Gehirnorgan würde weder die rechte noch die linke Hälfte dominieren, sondern in perfekter Harmonie und im Gleichklang aktiv sein. Bei deutlich einseitig betonten Menschen ohne ausgeprägte Herzenserweckung strebt der eine Pol entweder die Erfahrung von größtmöglichem sinnlichen Genuss an, den die Nahrungsaufnahme bieten kann (rechts dominiert), oder der andere stimuliert laufend die reine Vernunftebene, zählt die vermeintlich enthaltenen Vitamine, Spurenelemente und Kalorien ab und will nur jenes beschaffen und essen, von dem irgendwo geschrieben steht, dass es als gesund zu betrachten sei (links dominiert).

Der dominante Ausdruck der jeweiligen Pole für sich ignoriert das Interesse der Ganzheitlichkeit. Wenn man ihrem fortgesetzten Eigenleben nicht Einhalt gebietet, entwickeln sie sich zu egomanischen Selbstläufern, die alles aus dem Lot bringen und den Nährboden für den Einzug von physischer Krankheit gründlich vorbereiten.

Auf unserem Weg beziehungsweise unserer Rückkehr zu vermehrter und stabilerer physischer und geistiger Gesundheit können wir unsere Ernährungsgewohnheiten dafür zu einem hilfreichen, beständigen Fundament machen, in dem wir aus der Position der übersichtlichen Mitte unsere Bedürfnisse entwickeln und steuern. Die nachfolgende Übung wird Ihnen auch bei allen Entscheidungsfindungen helfen, die vorerst von einer mehr oder weniger spürbaren inneren *Zerrissenheit* begleitet werden. Formulieren Sie Ihre Frage oder eine Thematik in Ihrem Bewusstsein, wozu Sie sich Antworten und Klärung wünschen, nehmen Sie eventuell auch Papier und Schreibzeug zur Hand, oder lassen Sie sich einfach harmonisieren und energetisieren.

Meditation 5 – Die innere Balance erfahren

Setzen oder legen Sie sich bequem hin und atmen Sie tief ein und aus. Mit dem Ausatmen entlassen Sie alle Spannungen sanft aus Ihrem Körper. Sie fühlen seine gesamte physische Präsenz --- Sie fühlen die Energiekörper, die über die Oberfläche der Haut hinausgehen --- und Sie versammeln Ihre Aufmerksamkeit in Ihrem Herzzentrum, der Wohnstatt Ihrer Liebe und Ihres Seelenfunkens. Deutlich spüren Sie die Quelle Ihrer Kraft und Inspiration sowie Ihrer Verbindung zu allem anderen Existierenden --- Sie fühlen nun, wie vom Herzen ausgehend ein milchig-weißer Strahl langsam durch Ihre Körpermitte bis in das Gehirn hochsteigt und sich dort in Ihrem ganzen Oberkopf ausbreitet --- Sie nehmen nun wahr, wie sich dort eine dreidimensionale gedrehte Acht bildet. Der Kreuzungspunkt der Schleifen liegt genau in der Mitte Ihres Gehirns. Am Scheitelpunkt der Schleifen ausgehend entstehen zum Kreuzungspunkt der Acht hin ausgerichtet zwei spiralenförmige Trichter. Der Energiestrom innerhalb der Acht ist in kontinuierlicher Bewegung und tut sein Werk des harmonischen Ausgleichs --- wenn die Bewegung zur Ruhe gekommen ist, ziehen Sie den gleißenden Lichtstrom wieder hinunter in Ihr Herzzentrum. Fühlen Sie die Aufladung, die Sie erfahren haben, fühlen Sie Ihren Gleichmut und Ihre Präsenz.

Stellen Sie nun Ihre Frage. Und eine Antwort der Klarheit und Güte wird in Ihr Bewusstsein steigen. Verweilen Sie in dieser

Energie, solange Sie möchten. Dann kehren Sie mit ein paar tie-
fen Atemzügen und mit Dankbarkeit in Ihr (neues) Tagesbe-
wusstsein zurück. Vielleicht wollen Sie sich Antworten oder Er-
fahrungen notieren.

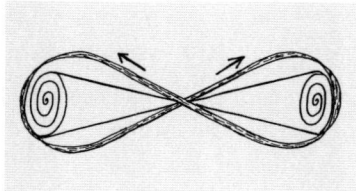

Schwingungsausgleich von
linker und rechter Gehirnhälfte

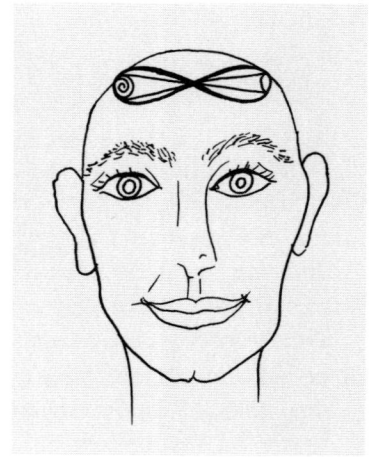

Sich Notizen über Antworten, Einsichten und deren Bedeutung
zu machen, erweist sich später oft als sehr hilfreich. Denn in den
Herausforderungen des Alltags kann man sich an die verhältnis-
mäßig klaren Momente der Erkenntnis gar nicht mehr so genau
erinnern. Sie haben sicherlich schon einmal erlebt, etwas Beson-
deres geträumt zu haben, einen Traum mit sonnenklarem und be-
deutendem Inhalt. Während des Träumens waren Sie sicher, dass
Sie sich den Traum merken würden, schließlich hat er Sie sehr berührt und Ihnen neue Einsichten gebracht. Trotzdem konnten Sie
sich am Tag beim besten Willen nicht mehr daran erinnern, und
Sie hatten das Gefühl eines echten Verlustes.

Variationen von Selbstsabotage

Mit dem graduell ansteigenden *Liebesquotienten* in Ihnen werden Sie automatisch zu stets lichtvollerer und liebevoll zubereiteter Nahrung hingezogen. Denn Ihnen wird immer mehr die Wahrnehmung zugänglich sein, wie Sie andernfalls belastet statt angehoben werden. Es gibt viele Möglichkeiten der Selbstsabotage, die oft in hartnäckigen *schlechten Gewohnheiten* zu finden sind. Sie sind meistens nichts anderes als der Ausdruck von antrainierter beharrlicher *Lieblosigkeit* gegenüber sich selbst. Nachfolgend ein paar Beispiele als Anregung zur Selbsterforschung, damit der Fluss der *Liebesnahrung* ungebremst in Sie eintreten kann.

Schlingen

Weit verbreitet ist das schlampige, unzureichende Kauen, und den nächsten Bissen schon in den Mund zu nehmen, bevor man den vorherigen vollständig geschluckt hat. Die Hast drückt aus, dass alles im Außen bedeutender ist als man selbst. Außerdem beraubt man sich aller wohligen, sinnlichen Erfahrungen des tiefen Riechens und des fein differenzierten Schmeckers, wenn die Mischung aus Aromen und Geschmack über den Gaumen streicht und die Nasenrezeptoren von innen heraus berührt werden. Durch Kohlehydrataufspaltung im Mund könnten dort schon erste Nährstoffe aufgenommen werden. Der Sättigungsmoment würde dadurch bereits früher eintreten, und die Gefahr des Überessens wäre überlistet. Und Sie fühlten sich dann echt gut.

Kürzlich hörte ich von dem Lebensbericht des ältesten KZ-Überlebenden Österreichs, eines Mannes von derzeit 102 Jahren. Im Lager mit schwerster Arbeit und absoluter Unterernährung starben viele Menschen an Erschöpfung und Hunger. Er bekam den Tipp eines Mithäftlings, das wenige Essen möglichst lange zu kauen. Er ist heute davon überzeugt, dass er überleben konnte, weil er jeden Bissen so lange gekaut hatte, wie es nur irgendwie ging.

Ablenkungen

Lieblosigkeit Nummer zwei während des Essens: Es zuzulassen, dass Sie mit den Energien des Elends und der Katastrophen der Welt mittels Zeitung, Fernsehen oder Radio wie mit intravenöser Infusion überschwemmt werden. Die Informationen von willkürlicher Zerstörung und von Armut, Mangel und Katastrophen fließen oft völlig unkontrolliert in uns ein. Wen wundert es dann, wenn die Speisen im Magen liegen bleiben? Besonders abends, wenn die Verdauungskraft ohnehin nicht mehr auf Höchstniveau arbeitet und sehr leicht belastende Schlacken entstehen können.

Auch Gespräche kontroversen Inhalts oder Businessthemen gehören nicht zu einer gesundheitsförderlichen Atmosphäre am *Liebes*-Esstisch. Stehen Sie zu sich selbst und lassen Sie alle Teilnehmer der gemeinsamen Mahlzeit bei Bedarf wissen, dass Sie sich nach dem Essen gerne mit allen anstehenden Themen befassen werden, egal ob es sich dabei um Kinder, Ehemann/frau, Schwiegermutter oder die beste Freundin handelt. Auch bei Geschäftsessen ist es auf allen Ebenen dienlich, sich während der Mahlzeit auf spannungsfreien Small Talk zu beschränken und tagesordnungsmäßig dem eigentlichen Anlass Ihres Zusammenkommens vor- oder nachher Zeit und Raum zu geben.

Körperhaltung

Lümmelndes oder verkrümmtes Sitzen, wie etwa bei der Einnahme des Essens an einem Couchtisch, quetscht die Organe, schränkt die Körperfunktionen ein und verursacht Energiestaus. Ein garantierter Weg, um sich miserabel zu fühlen. Auch wenn Ihre Räumlichkeiten beengt sind und der Platz für einen Esstisch nicht ausreicht, schaffen Sie sich ein Plätzchen, wenn es sein muss an Ihrem Computertisch, an dem Sie während des Essens aufrecht sitzen können.

Minderwertige Lebensmittel

Sofern Sie nicht zurückgezogen als Yogi leben, als Eingeweihter im Himalaja, als erleuchteter Heiliger oder sonst irgendwo sehr unberührt von der zivilisatorischen Unruhe, ist es nicht einfach, dauerhaft in kompletter Verbindung mit allem was ist zu stehen, oder anders ausgedrückt, unabhängig von physischer Nahrung zu leben.

Sie können praktisch jedes Essen energetisch reinigen und aufwerten (Meditation 4), doch andauernde Einnahme von Konserven, Raffiniertem, Fertigprodukten, tiefgekühlten Speisen, Zuckerersatz- und Konservierungsstoffen, tierischem Eiweiß im Übermaß und so weiter macht energie- und antriebslos, desinteressiert und krank. Frische Lebensenergie aus der Nahrung hilft uns, das Leben und unseren Körper mit Freude und Leichtigkeit anzureichern. Wir sind in allen anderen Lebensbereichen ohnehin hinlänglich gefordert. Außerdem helfen wir gleichzeitig unseren Mitmenschen, wenn wir auf uns selbst achten.

Förderliches

Wenn Sie nicht den Vorzug haben, dass ein bereits gedeckter Tisch auf Sie wartet, dann richten Sie sich mit ein paar Handgriffen einen Essplatz, der Ihnen das Gefühl gibt, dass das Einnehmen der Mahlzeit ein besonderer Moment für Sie ist. Vielleicht lieben Sie es festlich, und Sie stellen einen eleganten Kerzenständer auf und nehmen eine schöne Stoffserviette, oder Sie fühlen sich am besten im Angesicht einer frischen Blüte, die für Sie die Weite der Natur ins Zimmer zaubert. Oder der Anblick von quietschbuntem Plastikgeschirr lässt Sie sich so richtig spritzig und lebendig fühlen, oder eine Kopie der Skulptur der »Venus von Willendorf« vor Ihren Augen erhöht für Sie den Faktor von Schmackhaftigkeit, Freude und Lebensgenuss. Oder Sie fühlen sich großartig, weil Ihre nicht nur elektrisch mahlende, sondern auch das Steak beleuchtende Pfeffermühle ganz in Ihrer Nähe stets in Griffweite bereitsteht.

Spätestens in dem Moment, in dem der Teller mit den duftenden Speisen angerichtet ist, reduzieren Sie Ihre *Geschwindigkeit*. Angenehme Tafelmusik könnte Ihnen dabei helfen.

Jetzt ist auch der ideale Moment für ein paar Gedanken und Gefühle des Dankes für die Fülle und Reichhaltigkeit Ihres Lebens in Form eines traditionellen Tischgebetes, einer Nahrungssegnung wie in diesem Buch vorgestellt oder als bewussten Moment ohne besonderen äußeren Ausdruck.

Besonders bei Restaurantbesuchen ist es wirklich sinnvoll, den Speisen und Getränken vor dem Verzehr eine *ambulante Energiekur* angedeihen zu lassen. Auch wenn gute Produkte verwendet werden, herrscht in den Küchen meistens Zeitknappheit und Stress, oft kommen Mikrowellenherde zum Einsatz, und ein rüder, fordernder Ton ist ziemlich verbreitet.

Bitte vergessen Sie als Vegetarier und besonders als Veganer das Eiweiß für die Erhaltung Ihrer Gesundheit nicht. Die Körper werden bei anhaltender, unzureichender Eiweißzufuhr ausgezehrt und geschwächt, weil es an Baustoffen für den täglichen Zellum- und -aufbau fehlt. Falls Sie als Veganer auch auf Eier und Milchprodukte verzichten, essen Sie so oft wie möglich Hülsenfrüchte. Die Vielfalt an Linsen, Bohnen und Erbsen ist groß und ermöglicht eine wirklich abwechslungsreiche Küche. Besonders aus den Schätzen der ayurvedischen Rezepte können Sie viele köstliche Anregungen und das Wissen für eine leicht verdauliche Zubereitung beziehen*).

*) Buchempfehlung: Hans H. Rhyner und Kerstin Rosenberg: »Das große Ayurveda Ernährungsbuch«, Urania Verlag 2003

Sobald wir die verschiedenen Köstlichkeiten gekaut, eingespeichelt und geschluckt haben, spüren wir im Idealfall kaum mehr etwas von ihnen. Der Magen drückt nicht, es stoßt uns nichts auf, wir sind frei von Blähungen und Entwicklung von Geräuschen, die Haut hat ein strahlendes Aussehen, und die gute Funktion der Ausscheidung macht uns glücklich.

Vielleicht läuft deshalb alles so reibungslos ab, weil Sie eine rege Kommunikation mit Ihrem Körper pflegen. Weil Sie ein Ohr für seine berechtigen Bedürfnisse und Anforderungen nach guter Behandlung haben und diese nicht ignorieren.

Folgende Übung bringt Sie in Verbindung mit Ihren Körperorganen, deren Funktionen und Bedürfnis nach Ausgeglichenheit und vollständigem physischen und spirituellen Genährtsein.

Meditation 6 – Mit den Verdauungsorganen kommunizieren

Legen Sie Papier und Stift (eventuell Ihr Notebook) für Notizen bereit.

Nehmen Sie Platz oder legen Sie sich hin und atmen Sie ein paar Mal tief ein und aus. --- Entlassen Sie alle Gedanken und Spannungen mit dem Ausatmen aus Ihrem Körper. Sie fühlen ihn vom Kopf über die Wirbelsäule bis zu den Finger- und Zehenspitzen. Sie nehmen Ihr strahlendes Herzzentrum wahr, wie es bereit ist und offen und in Vorfreude, seine Nachbarn --- die Leber und die Gallenblase --- den Magen --- die Milz --- den Darm in seiner gesamten Länge --- und die beiden Nieren in seine Arme zu schließen, sie freudig zu begrüßen und sich von ihren kleineren und größeren Nöten und Sorgen berichten zu lassen. Welches Organ hat gegenwärtig mit den größten Anstrengungen zu kämpfen? ---

Es wird sich melden und darüber glücklich und erleichtert sein,
die Bürde seiner Aufgaben nicht mehr ganz alleine tragen zu
müssen – lauschen Sie, was es zu berichten hat. --- Fragen Sie,
was Sie tun können, damit sein Zustand und seine Funktion
verbessert werden. Lassen Sie sich von der Klarheit der Infor-
mationen überraschen. Machen Sie Notizen. --- Schließen Sie
die Kommunikation mit einer Segnung aus Ihrem Herzen und
dem Ausdruck von tief empfundener Dankbarkeit für die un-
ermüdliche Arbeit ab, die die vereinigten Organe ohne Unterlass
für Sie leisten und Ihr körperliches Dasein ermöglichen. --- At-
men Sie tief ein und aus und kommen Sie in Ihr Tagesbewusst-
sein zurück.

Sie können diese Übung öfter durchführen, abwandeln und zur
Klärung vielerlei körperlicher Probleme als Unterstützung zum
Verständnis der inneren Abläufe und Vorgänge nutzen. Außerdem wird sich die Verbindung zu Ihrem Körper stärken und klä-
ren. Sie können von energetischen Unausgeglichenheiten schon
viel früher als normalerweise üblich erfahren und deren Ausdruck
in physischer Krankheit wirkungsvoll im und mit dem Licht des
Schöpfers entgegenwirken. Diese Übung macht Sie zu einem ver-
antwortungsvollen Menschen, der seinen Körpertempel achtet und
ehrt. Lang anhaltende Gesundheit, geistige Klarheit und persönliche Wirkungskraft werden Sie begleiten.

Essenzielles

Die Welt verändert sich, so sehr kann man sich gar nicht verschlie-
ßen, um nicht deutlich zu spüren, wie *alle* Kräfte intensiviert werden. Viele Menschen erkennen Ihren Lebenssinn darin, Ihre individuellen Fähigkeiten in den Dienst an den Mitmenschen zu stellen,
an der Erhaltung der Tier- und Pflanzenwelt oder sich für die Stär-
kung der Natur einzusetzen. Stellung zu beziehen gegen ihre Aus-

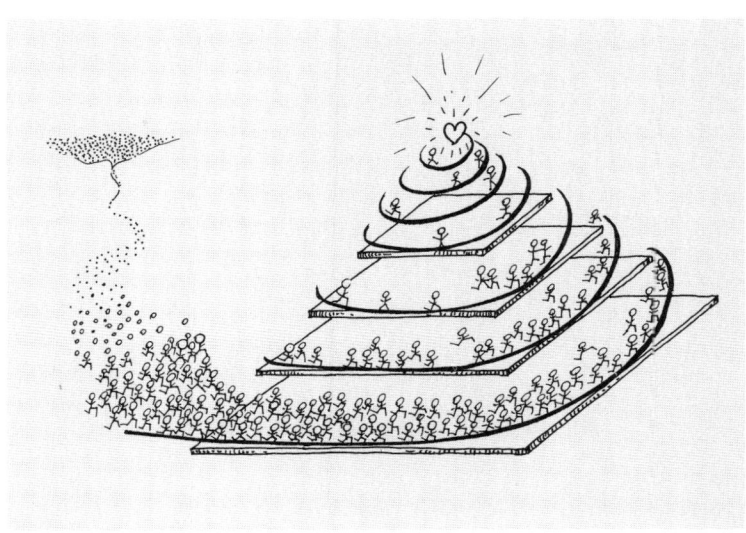

beutung und haltlose Verschmutzung, damit die wunderbare Erde
samt allem Leben, das sie trägt, nicht frühzeitig untergeht, sondern – ganz im Gegenteil – zu einem Planeten erblühen kann, der
eine Heimstatt für Liebe, Toleranz und Würde wird.

Die Kräfte des Gegenspiels agieren mehr oder weniger verdeckt
oder getarnt und verstärken ihr destruktives Treiben der Ausbeu-
tung, der Desinformation und der Verstärkung von Emotionen, die
das Bedürfnis nach Lebensprinzipien von *höherer* Ordnung verhin-
dern oder lächerlich machen sollen. Das Individuum fühlt sich oft
in die *Mangel* genommen, ausgeliefert und bedeutungslos.

Die Zusammenhänge sind komplex, vielerlei Arten und Wege der
Heilung des Einzelnen und somit auch unseres größten gemeinsa-
men Nenners, unserer Heimat, des blauen Planeten, werden von
Vielen konsequent verfolgt und zeigen Ergebnisse.

Ein bedeutender Faktor in der konstruktiven und lichtvollen Entwicklung der Erdenbevölkerung, der gegenwärtig in der Öffentlich-

keit noch nicht so deutlich gemacht wird, ist der fundamentale Aspekt von *energie-(liebes-)reicher* Nahrung, wie es in diesem Buch angeschwungen wird. Wenn eine ausreichende Anzahl von Menschen die nur anfänglich erforderliche Disziplin aufbringen kann, um sich über die diversen inneren Widerstände und Verlockungen hinwegzusetzen, kann eine enorme Entwicklung zu den in uns noch im Dämmerzustand des Bewusstseins befindlichen Prinzipien von lichtvolleren Lebensumständen erweckt werden. Und daraus folgend kann das Fundament unseres Kollektivs auf einer höheren Schwingungsebene verankert werden.

Es gibt nichts Gutes, außer man tut es.

Das klingt banal und abgedroschen und ist trotzdem wahr. Folgen Sie Ihren überreichlich vorhandenen inneren Anstößen, nutzen Sie diese Seiten als Anregung und lassen Sie Ihre individuelle *Liebeskochwelt* entstehen. Mit *neuem* Essen im dargelegten Verständnis kann jeder Einzelne eine *neue* Erde auf fundamentale Weise mitgestalten. Unermesslicher Dank aus allen Ebenen wird Sie bereichern und nähren.

B. Temelie, B. Trebuth

Das Fünf Elemente Kochbuch

Der Klassiker der Fünf Elemente Küche – überarbeitet und in neuem Format.

256 Seiten, Hardcover, 4-farbig, mit vielen Fotografien
ca. € 22,95 [D], 23,60 [A]
ISBN 978-3-928554-80-0

Barbara Temelie

Ernährung nach den Fünf Elementen

Wie Sie mit Freude und Genuss Ihre Gesundheit, Liebes- und Lebenskraft stärken

224 Seiten, Qualitätsbroschur, mit Poster »Nahrungsmittel nach den Fünf Elementen«
€ 16,95 [D], 17,50 [A]
ISBN 978-3-928554-03-9